教育部规划项目"主动嵌入GVC视角下中国制造业分
16YJA790039）、广东省哲学社会科学"十二五"ォ
位升级研究——基于制造业产品增加值全球价值
GD14CYJ04）、广东省科技计划项目"中国在高技
机制与路径研究"（项目编号：2014A070703049）

U0582682

中国制造业价值链地位升级的机制与路径研究：

聂　聆◎著

基于主动嵌入GVC视角

Research on the mechanism and path of upgrading the division position of
China in the GVC of manufacturing products:
Based on the perspective of active embedding in GVC

经济管理出版社
ECONOMY & MANAGEMENT PUBLISHING HOUSE

图书在版编目（CIP）数据

中国制造业价值链地位升级的机制与路径研究：基于主动嵌入 GVC 视角/聂聆著 . —北京：经济管理出版社，2021.3

ISBN 978 - 7 - 5096 - 7882 - 4

Ⅰ . ①中… Ⅱ . ①聂… Ⅲ . ①制造工业—工业发展—研究—中国 Ⅳ . ①F426.4

中国版本图书馆 CIP 数据核字（2021）第 055104 号

组稿编辑：郭丽娟
责任编辑：许　艳
责任印制：黄章平
责任校对：董杉珊

出版发行：经济管理出版社
　　　　　（北京市海淀区北蜂窝 8 号中雅大厦 A 座 11 层　100038）
网　　　址：www. E - mp. com. cn
电　　　话：（010）51915602
印　　　刷：唐山玺诚印务有限公司
经　　　销：新华书店
开　　　本：720mm × 1000mm/16
印　　　张：11.5
字　　　数：176 千字
版　　　次：2021 年 5 月第 1 版　　2021 年 5 月第 1 次印刷
书　　　号：ISBN 978 - 7 - 5096 - 7882 - 4
定　　　价：78.00 元

前　言

改革开放以来，中国积极融入全球价值链，加入国际分工体系，成为全球生产加工的中心。但是，中国制造业在全球价值链中仍然主要处于从事劳动密集和资源密集环节，位于"微笑曲线"的底端。我国企业面临着严重挑战和发展危机，被锁定在低附加值环节和被边缘化的风险凸显。当前，受新冠肺炎疫情蔓延、美中经济脱钩的冲击，全球价值链面临着断裂的风险。同时，将中国作为战略竞争对手的美国不会轻易放弃遏制中国的行为，并且还会在国际经济活动中通过或明或暗的手段继续孤立和打压中国，这会导致中国在全球价值链中的地位提升举步维艰。2020 年中央经济工作会议指出，未来几年中国经济工作的重点是，强化国家战略科技力量，增强产业链供应链自主可控能力。可见，如何在未来发展中化解美国贸易保护主义政策带来的负面影响、突破由发达国家跨国公司主导的国际分工体系、冲破自身在全球价值链中的低端锁定，提升企业在 GVC 中的分工地位、进一步拓展新的经济发展空间，成为中国亟待解决的重要问题。

笔者在参考了国内外大量的相关资料及研究成果后，采用动态性、实证性的科学研究方法，对我国的价值链地位、影响因素及重构价值链的基础进行了系统性和综合性的研究，并提出主动嵌入全球价值链视角下提升我国价值链地位的发展路径和对策。本书理论与实践相结合，学术性和实用性较强，既可以作为高等院校师生的教学参考书，也可以供从事相关领域研究的学者和企业经营者参考使用，同时，本书还可以为各级政府部门决策提供借鉴。

在本书的撰写过程中，李三妹、郑昕、陈诗雯、林琳等硕士研究生参加了相关章节的撰写，没有他们的辛勤劳动，本书是不可能完成的。本书的出版得到了广东外语外贸大学国际经贸学院的资助，此外，笔者的有关研究成果还得到了教育部规划项目"主动嵌入 GVC 视角下中国制造业分工地位的升级机制"（16YJA790039）、广东省哲学社会科学"十二五"规划项目"中国制造业国际分工地位升级研究——基于制造业产品增加值全球价值链分布的视角"（GD14CYJ04）、广东省科技计划项目"中国在高技术产品全球价值链中地位升级的机制与路径研究"（2014A070703049）的资助，在此深表感谢。由于笔者水平有限，本书难免会存在谬误，在此欢迎广大读者提出批评和建议。

目　录

导　论

一、问题提出和选题意义

20 世纪 70 年代以来，中国凭借低成本的劳动力比较优势，以贴牌加工的出口导向发展战略，嵌入了由发达国家主导或控制的全球产业链分工体系中。然而，学者们观察到，在全球价值链（GVC）中，中国企业面临着被锁定在低附加值环节和被边缘化的风险。此外，受新冠肺炎疫情蔓延、美中经济脱钩的冲击，全球价值链还面临着断裂的风险。这些给中国企业带来了严重的挑战和发展危机。如何在未来发展中突破由发达国家跨国公司所主导的国际分工体系，提升企业在全球价值链中的地位，拓展新的经济发展空间，成为中国亟待解决的重要问题。而探索价值链分工地位的升级机制以及影响因素就成为问题的关键所在。本书的研究意义在于：

第一，本书从制造业产品全球价值链上增加值分布的角度，构建"价值链高度指数"，准确判断中国在制造业 GVC 中的分工地位和移动轨迹，为政府部门制定产业、贸易和金融政策提供可靠的依据和参考。

第二，本书以一般均衡的思路构建更加符合转型国家的价值链升级模型，加入国内市场等影响因素，研究其作用机制，这有利于更好地探究制造业核心竞争力的来源，有利于建立自主型价值网络。

第三，本书为价值链地位升级的研究提供了一个崭新的视角——以中国主动实施国际化战略、发展自主型价值网络的视角，理解中国价值链地位的推动机制和影响因素的内在逻辑。这正是基于中国目前的发展方向，有望丰富现有的国际分工地位升级理论，也有利于中国在未来发展中突破传统思维、寻求新的战略方向，从而有效实现在制造业 GVC 中的地位提升和产业升级。

二、本书的研究思路与研究内容

（一）研究思路

本书旨在通过研究中国制造业产品增加值的 GVC 分布特征，构建跨国可比的"价值链高度指数"，来准确度量与比较中国的价值链地位和移动轨迹。接着，本书从主动嵌入 GVC 的角度，研究中国在制造业产品 GVC 中分工地位的推动机制与影响因素。同时，本书还试图研究中国与其他"金砖国家"的价值链互补性，比较中国与美国、德国、日本的制造业服务化，为中国提升在制造业产品 GVC 中的地位以及构建区域价值链提供政策所需的经验证据与决策参考。

（二）研究内容

本书以主动嵌入 GVC 的视角，探讨中国制造业价值链地位升级的三大问题：①如何准确度量中国在制造业产品 GVC 中的分工地位，跨国比较呈现怎样的特征；②怎样通过主动嵌入 GVC 来推动中国在制造业产品 GVC 中的分工地位升级，从而勾画出中国制造业分工地位升级的未来方向与路径；③如何重构全球价值链和构建区域价值链。

1. 发展中国家实施全球价值链战略的理论分析

研究全球价值链的成因、全球价值链分工中产业升级的影响因素、发展中国家嵌入全球价值链和实现升级的路径和方式，为研究提供必要的理论基础。

2. 通过 GVC 解构，研究中国与主要国家制造业产品增加值的 GVC 分布特征

本书借鉴 Timmer（2012）对制造业产品全球价值链的解构方法，对中国与主要国家制造业产品整体和各类制造业产品的价值链进行分解，分析和比较中国与主要国家制造业产品增加值的全球价值链分布特征。

3. 构建"价值链高度指数"，度量中国制造业的价值链地位和移动轨迹，并进行国际比较

本书从制造业产品增加值的 GVC 分布角度，构建"价值链高度指数"

（GH 指数）。对中国在制造业 GVC 中的具体位置做出准确和量化的判断，并系统分析指数的时间演进和进行国际比较，以清晰了解中国在制造业价值链中分工地位的动态过程。

4. 构建制造业价值链地位升级的影响因素模型并实证检验

（1）构建中国价值链地位升级的影响因素模型并实证检验。首先，通过理论研究，提炼出实证研究假设；其次，构建中国价值链地位升级的影响因素模型。采用固定效应模型、随机效应模型对各类制造业产品的面板数据进行回归分析，并对其作用机制及影响程度进行研究，从而探索如何通过主动实施国际化战略、发展自主型价值网络，实现制造业价值链地位提升的可行途径。

（2）构建主要国家价值链地位升级的影响因素模型并实证检验。本书构建了主要国家制造业价值链地位的影响因素模型及分类模型（跨国模型），进行实证检验，并与中国模型的结果进行对比分析。

5. 研究中国与其他"金砖国家"的价值链互补性

对"金砖国家"GVC 进行分解，分析中国和其他"金砖国家"在彼此 GVC 中的增加值分布，在此基础上构建并计算 GVC 互补指数，研究中国与其他金砖国家的 GVC 互补性，从而为构建区域价值链提供借鉴。

6. 研究并比较中国与美国、德国、日本的制造业服务化

本书对中、美、德、日的制造业全球价值链进行分解，计算各国制造业服务化水平及结构并进行比较，为提高中国制造业服务化水平提供借鉴。

7. 研究提升中国在制造业产品 GVC 中分工地位的路径和对策

研究提升中国在制造业 GVC 上的分工地位、实现产业升级的路径与对策，即如何有效利用内部力量与外部力量，从被动嵌入 GVC 向主动嵌入 GVC 转变并逐步占据价值链关键环节。

三、研究方法

1. 投入产出分析法

借鉴 Timmer（2012）对制造业产品全球价值链的解构分析方法，对中国与主要国家制造业产品价值链进行分解。

2. 指标分析法

构建价值链高度指数、价值链互补指数等，度量中国和主要国家在制造业全球价值链分工中的地位以及中国与其他国家价值链的互补性。

3. 计量经济方法

采用固定效应或随机效应的面板 LS 方法对价值链升级的影响因素模型进行估计。

4. 国际比较法

采用国际比较法考察中国与主要国家制造业价值链地位、价值链地位的影响因素以及制造业服务化水平的差异。

四、理论基础

1. 全球价值链理论

根据陈柳钦（2009）的分析与总结，全球价值链概念的形成经过了价值链、增加值链、全球商品链三个理论阶段。

首先，哈佛商学院教授波特（Porter）在《竞争优势》（*Competitive Advantage*）一书中指出："每一个企业都是在设计、生产、销售、发送和辅助其产品的过程中进行种种活动的集合体。所有这些活动可以用一个价值链来表明。①"这些互不相同但又相互关联的生产经营活动，构成了一个创造价值的动态过程，即价值链。在书中，Porter 不仅分析了一般企业的价值链构成、提出了基本的价值链结构模式，还将视角扩展到不同企业之间的经济交往，提出了价值系统（Value System）的概念，即价值链由上游价值、渠道价值和顾客价值这三种价值组成。Porter 的这些理念便是全球价值链概念的基础。

其次，寇伽特（Kogut）在《设计全球战略：比较与竞争的增加值链》这篇文章中用增加值链（Value Added Chain）来分析国际战略优势。他把增加值链表述为一个过程，即厂商把技术同投入的原料和劳动结合起来生产产品、进入市场、销售产品的价值增值过程。Kogut 认为，当国家的比较优势决定了整

---

① M. Porter. The Competitive Advantage ［M］. New York：Free Press，1985：25 – 29.

个价值链条各个环节在国家或地区之间如何配置时，企业的竞争能力就决定了企业应该在价值链条上的哪个环节和技术层面上倾其所有，以便确保竞争优势①。与波特强调单个企业竞争优势的价值链观点相比，这一观点更能反映价值链的垂直分离和全球空间再配置之间的关系，因而对全球价值链观点的形成至关重要。

最后，Gereffi（1999）在对美国零售业价值链研究的基础上，将价值链分析法与产业组织研究结合起来，提出全球商品链分析法。全球商品链是在经济全球化背景下形成的，其间商品的生产过程被分解为不同阶段且由分布在世界各地不同规模的企业、机构组织分别承担，由此形成的跨国生产体系把各参与部门网罗在一个一体化的生产网络中②。Gereffi 将全球商品链分为采购者驱动型（Buyer - driven）和生产者驱动型（Producer - driven）两类，同时，他将企业升级引入全球价值链的分析模式，认为企业的转型升级是一个企业或经济体迈向更具获利能力的资本和技术密集型经济领域的过程。2000 年，该领域的众多研究者一致同意将"全球商品价值链"称为"全球价值链"，摆脱了商品一词的局限性，突出了在价值链上企业相对的价值创造和价值获得的重要性。关于"全球价值链"这一概念的界定，Yeats（1998）认为全球价值链是指生产过程的国际化以及国家对生产不同阶段的参与③。

到了 2001 年，Gereffi 等在前面研究的基础上，推出了一期关于全球价值链的特刊——《价值链的价值》（The Value of Value Chains），从价值链的角度分析了全球化过程。这份特刊在全球价值链研究中起到了里程碑的作用。接着，联合国工业发展组织在 2002～2003 年度工业发展报告《通过创新和学习来参与竞争》（Competing Through Innovation and Learning）中将全球价值链定义为"在全球范围内为实现商品或服务价值而连接生产、销售、回收处理等过程的全球性跨企业网络组织，涉及从原料采集和运输、半成品和成品的生产

---

① B. Kogut. Designing Global Strategies：Comparative and Competitive Value - added Chains ［J］. Sloan Management Review，1985，26（4）：15 - 28.

② Gary Gereffi. International Trade and Industrial Upgrading in the Apparel Commodity Chain ［J］. Journal of International Economics，1999，48（1）：37 - 70.

③ Yeats J. Just，How Big is Global Production Sharing ［R］. The World Bank，1998.

和分销，直至最终消费和回收处理的过程。它包括所有参与者和生产销售等活动的组织及其价值利润分配，并且通过自动化的业务流程和供应商、合作伙伴以及客户的链接，来支持机构的能力和效率"①。

2. 全球价值链分工理论

国际分工是世界各国之间的劳动分工。它是社会生产力发展到一定阶段后，各国国内的社会分工超越国家界限而形成的国与国之间的分工，是社会生产力发展到一定阶段的必然产物。在资本主义生产方式建立后，社会大生产得到发展，国际分工也经过了从发达资本主义工业国和落后农业国之间的垂直型分工到发达工业国之间水平型分工的演变。张苏（2007）提出，20 世纪 50 年代开始的国际分工呈现出新的特征：第一，国际分工是由跨国公司生产网络主导的；第二，出现了新的生产现象——产品内分工，就是跨国公司"生产谱"的全球分解。传统国际分工理论不能全面地解释新的国际分工现象，要发展新的国际分工理论。②

早在 20 世纪 70 年代，Frobel 在其论文《新的国际分工》中，通过对德国纺织与服装业的全球区位演变的分析，将 20 世纪 60 年代后的国际分工与此前的旧国际分工进行了比较，得出"此前形成的极少数工业化国家从事工业生产，其他绝大多数欠发达国家则为前者提供原材料，并主要从事农业生产的国际分工格局正在被打破，跨国公司将一批批劳动密集型的生产线，开始从工业国家向欠发达国家转移"的结论③。

Francis 描述了比弗洛布尔的理论，即认为"新国际分工"是随资源禀赋变化的国际分工，他援引联合国教科文组织的统计来说明 20 世纪 60 年代后发展中国家的人力资源有了巨大的增长，并提出发展中国家技术类人力资源的增长将影响跨国公司的生产分布决定，使发展中国家卷入新的国际分工④。

---

① UNIDO. Industrial Development Report 2002/03 ［R］. www. unido. org/idr.

② 张苏. 新国际分工理论述评［J］. 教学与研究，2007（1）：51 – 56.

③ F. Frobel, J. Heinrichs, O. Kreye. The New International Division of Labor ［J］. Social Science Information，1978，17（1）.

④ H. Francis. Globalization and the Newer International Division of Labour ［J］. Labour and Management in Development Journal，2004，4（6）.

Gereffi（1998）提出了"全球商品链"这一概念，并将其定义为：一系列企业围绕着一种最终产品而建立起来的劳动和生产过程的组织间网络，这一网络将居民、企业、国家融合到世界经济体系之中①。新的企业不断通过整合到这种全球商品链参与国际分工，使得全球商品链条越来越庞大，其作用开始超越国家政府之间的经济交往作用。

孟庆民、李国平和杨开忠（2000）则认为，20世纪60年代以来的新国际分工的基本内涵如下：跨国公司是新国际分工的主角，推动跨国公司促进新国际分工格局的动力是市场需求、契约转让、生产一体化以及降低成本的要素构成和生产组织的改革，新国际分工的直接动力是对外直接投资和跨国生产②。也就是说，他们认为"新国际分工"是基于跨国公司关系网络的国际分工。

在全球价值链理论逐渐形成和被大多数学者与企业接受后，学者开始在此理论基础上讨论新的国际分工现象。卢仁祥（2013）写道，在科学技术发展迅速且新的技术不断在生产中得到广泛应用的今天，企业出于竞争、最大限度地降低成本和提升利润空间的需要，开始在全球范围内进行价值链环节（包括生产活动和其他功能性活动环节）的分工③。作为国际分工最新的形态，全球价值链分工引发了新一轮的世界产业结构调整，使国际分工模式和分工主体的利益分配发生了巨大的变化。

3. 全球价值链重构理论

在互联网经济发展的大背景下，Beck等（2001）首先提出价值链重构的概念，认为其是用来描述网络作用于价值链各个环节导致价值链重组的现象，指出价值链中的企业有向价值链更高位置移动的动机与行为④。毛蕴诗（2015）提出了"重构全球价值链"的概念，认为"重构全球价值链"是处于

① Gary Gereffi. Commodity Chains and Regional Divisions of Labor in East Asia ［A］//Eun Mee Kim, San Diegoed. The Four Asian Tigers：Economic Development and the Global Political Economy ［C］. Calif：Academic Press，1998.

② 孟庆民，李国平，杨开忠. 新国际分工的动态：概念与机制 ［J］. 中国软科学，2000（9）：113 - 117.

③ 卢仁祥. 新新贸易理论中的国际分工问题研究 ［D］. 复旦大学，2013.

④ Beck M.，Costa L.，Hardman D.，Jackson B.，Winkles C. &Wiseman J. Getting Past The Hype：Value Chain Re - structuring In the E - Economy ［R］. Booz - Allen and Hamilton，2001.

价值链低中端的新兴经济体制造性企业，基于创新驱动，通过积累能力、寻求能力，打破由发达国家企业主导的国际分工，立足全球资源配置，向价值链中高端发展，促使全球竞争格局发生结构性变化的过程。全球价值链重构是全球范围内价值与经济利益在价值链各环节重新分配的过程，其中最核心的表现是新兴经济体国家及其企业从价值链低端向价值链高端位置移动，发生地位和角色的改变。首先，推动全球价值链重构的主体是新兴经济体国家及企业，而不是占主导地位的发达国家及跨国企业。其次，从全球经济的角度看，全球价值链重构的研究以全球化为视角，围绕国际分工和全球资源配置进行，是全球价值链上各参与国企业结构的调整和重置，甚至会带来全球竞争格局的变化。再次，重构全球价值链在微观层面的落脚点是企业行为，企业转型升级推动了价值链重构。最后，重构全球价值链的提出既是对原有全球价值链相关观点的挑战，也是对它的推进和完善[①]。Joonkoo Lee 和 Gary Gereffi（2015）认为，随着新兴市场的崛起和价值链区域化的发展，发展中国家企业可以通过建立区域供应链和零售网以及南南价值链，在重构 GVC 中扮演重要角色[②]。

当前，中国制造正面临来自发达国家和发展中国家的"双重夹击"，即在劳动密集型产业，中国不得不面对发展中国家的低成本"挑战"，而在产业升级过程中则会遭遇到发达国家高端技术的"阻击"。全球价值链重构理论为我国通过与"一带一路"沿线国家的产业合作，整合海外优质资源，实施战略转型和产业升级提供了理论依据。

---

① 毛蕴诗，王婕，郑奇志. 重构全球价值链：中国管理研究的前沿领域——基于 SSC 和 CSSCI（2002—2015 年）的文献研究 [J]. 学术研究，2015（11）：85 – 95.

② Joonkoo Lee，Gary Gereffi. Global Value Chains，Rising Power Firms and Economic and Social Upgrading [J]. Critical Perspectives on International Business，2015（7）：319 – 341.

第一章 全球价值链分工地位的研究进展及评述

本章总结和梳理了 GVC 分工地位的研究进展，主要包括：GVC 分工地位的测算方法、GVC 分工地位升级的驱动因素、发展中国家 GVC 分工地位的升级路径。在此基础上，探讨这一领域未来的研究方向。

第一节 GVC 分工地位的测算方法

研判一国或地区在 GVC 中"真实"的分工地位，是国际分工和贸易理论的前沿课题。早期发展出的判断一国竞争力和分工地位的方法，如净贸易指数、出口行业结构，以及用产业国际竞争力反映的分工地位，如显示性比较优势指数（RCA）、贸易专业化指数（TSC）、产业内贸易指数（IIT）、可比净出口指数（NTB）等，都对出口中包含的进口中间品进行了重复计算，从而导致一国贸易额虚高，即"统计假象"问题，这明显"扭曲"了各参与国（地区）所获得的分工利益。为此，学者们提出了不同的方法试图解决此问题。

一、垂直专业化指数

Hummels 等（2001）提出了垂直专业化（VS）指数，通过剔除一国出口产品中包含的进口中间投入来衡量一国参与产品内分工的程度①。Dean 等

---

① Hummels D. , J. Ishiib K. Yi. The Nature and Growth of Vertical Specializationin world Trade [J]. Journal of International Economics, 2001 (54): 75 –96.

（2007）、Koopman（2008）、黄先海和韦畅（2007）、盛斌和马涛（2008）利用 Hummels 的垂直专业化分析框架考察中国出口的国内增加值，发现中国制造业出口的垂直专业化程度不断提高，中国的出口贸易包含较高的国外价值[①]。Hummels 的 VS 指数虽在一定程度上能反映经济体在全球生产网络中的分工地位，但不足之处在于：第一，基于各国自身的投入产出表，忽略了全球层面的国家联系和产业关联。第二，中间品投入并未区分国内投入和进口投入，因此，均采用了较为严格的假定以获得各部门使用的进口中间投入系数矩阵，例如，假设所有进口中间品完全由国外价值增值构成，剔除了本国先出口再进口的这部分中间产品贸易。由于这些假设不符合现实，从而使该分解存在较大的误差。第三，由于一些出口产品在生产过程中反复使用大量中间进口产品，因此，这一方法不适用于那些依靠税收优惠促进加工贸易的国家。近年来对垂直专业化的研究更多采用 OECD 提供的跨国非竞争型投入产出表数据（文东伟和冼国明，2009；王昆，2010；等等），其对进口中间产品的确认相对客观。垂直专业化指标衡量的只是出口中的进口含量，即进口对国内生产的影响，用以反映一国参与垂直专业化国际分工的程度，但该指标很难准确地反映一国在全球价值链中的分工地位。

二、附加值贸易测算法

附加值贸易这一概念最先由 WTO 和 IDE – JETRO（2011）提出，是指直接或间接包含在另一国最终消费中的一国价值增值[②]。附加值贸易法对 Hummels 等（2001）提出的方法进行了改进：一方面，使用世界投入产出表可以更加准确地体现出一国出口对各国进口中间投入品的依赖程度；另一方面，可以更加准确地测度一国出口产品中的间接附加值和再进口附加值。Johnson 和 Noguera（2012）计算了出口附加值与总出口的比例（VAX 比）；Daudin 等

---

① 盛斌，马涛. 中国工业部门垂直专业化与国内技术含量的关系研究 [J]. 世界经济研究，2008（8）：61 – 67.

② WTO & IDE – JETRO. Trade Patterns and Global Value Chains in East Asia：From Trade in Goods to Trade in Tasks [M]. WTO, Geneva, 2011.

（2011）将包含在最终产品中的附加值按照来源国进行分配，计算了出口中的进口投入份额、出口后再加工出口到第三国的份额和加工后再出口回到母国的份额①。Koopman（2010）提出了测度增加值贸易的 KPWW 方法，将总出口分解为国内含量（一国出口中由本国创造并计入本国 GDP 的增值部分）和国外含量（一国总出口中由其他国家生产的投入部分），并进一步将国内含量分为出口、加工后再回到母国和加工后出口到第三国三部分②。

国内诸多学者借用 KPWW 方法对中国出口进行了增加值分解，并以此来反映中国的国际分工地位。王岚（2014）研究认为，中国制造业的国际分工地位经历了先下降后上升的"V"形发展轨迹，低技术制造业实现了国际分工地位的提升，但中高技术行业参与 GVC 分工的锁定效应明显。岑丽君（2015）研究认为，中国在全球价值链中地位较低，并呈"V"形发展趋势，与出口中的国内间接附加值比重下降而外国附加值比重上升有关。张定胜等（2015）基于增加值计算了新显示性比较优势指数，表明传统制造业在 GVC 中的位置在提升，知识密集型行业在 GVC 中的位置有所改善。罗长远和张军（2014）研究了中国服务贸易附加值，结论是中国服务业出口本地附加值呈现先下降后上升的趋势。

一部分国内学者重新构建了贸易增加值指标。黄先海和杨高举（2010）借鉴 Lau 等（2007）的非竞争型投入占用产出方法，构建加权的"增加值—生产率"指数来研究中国高技术产业的国际分工地位，剔除生产过程中所使用的进口中间投入，计算单位最终需求（出口）带动的国内完全增加值率和劳动生产率。刘力和杨萌（2015）建立了四部门非竞争型投入占用产出模型，得到完全国内增加值系数和完全就业系数，并提出完全比较劳动生产率指标。这些研究均认为中国高技术产业的国际分工地位与发达国家差距还很大。

用贸易附加值反映中国的价值链分工地位，仅能说明中国从出口贸易中获

---

① Daudin G. , Rifflart C. , Schweisguth D. Who Produces for Whom in the World Economy? ［J］. Canadian Journal of Economics, 2011, 44, （4）: 1403 – 1437.

② Koopman R. , Powers W. , Wang Z. , Wei S. J. Give Credit Where Credit is Due: Tracing Value Added in Global Production Chains ［R］. NBER Working Paper, 2010, No. 16426.

得了多少增加值，并不能说明这些增加值产生于哪些环节，也就无法判断一国是否处于高端分工环节。而且，由于世界投入产出表没有区分进口中间品的最终用途，出口的国内增加值测算没有考虑加工贸易与国内消费品在进口中间品投入密集度的差异，存在高估中国出口中国内价值增值比例的可能[①]，因而可能会高估中国纺织服装、皮革鞋类、木材、纸张等低技术行业的国际分工地位。此外，附加值贸易法忽略了大国重要的国内市场需求产品，而这些产品与出口贸易产品一样，与 GVC 分工体系密切相关，因此，在分析国家制造业国际分工地位时会和实际情形相背离。

三、GVC 地位指数

在 Daudin 等（2009）对一国出口产品全部价值按照 GVC 进行"增加值"分解的基础上，Koopman 等（2010）构建了反映一国某产业在 GVC 中所处分工地位的指标——GVC 地位指数。该指标的构建思路为，在国际分工中，如果一个国家和地区某部门处于全球价值链上游环节，即更多的是为他国提供中间品，则该国在国际分工的地位更加有利；反之，如果该国某部门处于全球价值链下游环节，即更多地依靠从他国进口中间品，则该国在国际分工中处于不利地位[②]。国内诸多学者采用 GVC 地位指数来分析中国制造业及内部各部门在 GVC 中的分工地位。周升起等（2014）、刘琳（2015）发现，目前中国制造业整体及内部各部门在 GVC 中的分工地位仍处于较低水平；中国劳动密集型制造业部门在 GVC 中的分工地位稳步提升并向上游位置靠近，且明显高于资本、技术密集型和资源密集型制造业部门，中高技术制造业的国际分工地位在波动中下降。王厚双等（2015）测算了服务贸易前 6 名国家以及其他金砖四国服务业的 GVC 地位指数。结论显示：中国服务业整体和各行业的 GVC 地位指数呈先下降后上升的趋势，但与其他国家相比差距仍然较大。

GVC 地位指数通过比较特定行业作为中间品提供者和需求者的相对重要

---

① 王岚. 融入全球价值链对中国制造业国际分工地位的影响 [J]. 统计研究，2014（5）：17-23.

② Koopman R. , W. Powers, Z. Wang, S. J. Wei. Give Credit Where Credit is Due：Tracing Value Added in Global Production Chains [R]. NBER Working Paper, 2010, No. 16426.

性来衡量它在 GVC 中的位置，其主要的缺陷是，没有把"下游"的"物流配送、市场营销以及售后服务"等环节的增加值纳入进来，这使计算结果中自然资源丰富的发展中国家（如俄罗斯等）在制造业 GVC 国际分工中的地位高于所有发达国家。

四、出口价格、出口复杂度指数

Feenstra（1994）建立了一个出口价格衡量指标，用于测算两国向同一国家总体出口价格之比。Fontagn 等（2007）指出，产品内分工的重要特征表现为产品品质上的垂直化差异，发达国家出口高价格类型的产品，因而处于国际分工的高端，发展中国家出口低价格类型的产品，因而处于国际分工的低端①。施炳展（2010）构建了衡量本国出口产品价格与世界平均出口价格差异的指标，指出出口产品价格与世界平均出口价格的差异决定了该国国际分工地位。胡昭玲等（2013）通过研究出口价格的变化分析中国在国际分工体系中的地位，认为中国的国际分工地位偏低，低技术产品的分工地位高于中高技术产品。林桂军和何武（2015）利用 Kaplinsky 升级指数和中间品相对出口单价，对中国装备制造业在全球价值链的升级趋势和地位进行了分析。他们认为，中国装备制造业出口产品中大约一半金额的产品正处于升级状态，但中国在 GVC 中的地位总体偏低。

出口复杂度（Export Sophistication）最早源于 Michaely（1986）提出的贸易专业化指标（Trade Specialization Indicator，TSI）。该指标假设一种出口产品所含技术与该产品出口国的人均收入水平相关。因此，某出口产品的 TSI 等于其所有出口国的人均收入的加权平均值，权重为各出口国出口该产品的总额占全世界该产品出口总额的比重②。Hausmann 等（2007）将 TSI 中的绝对比重改进为相对比重，并提出了一种新的指标：出口复杂度。出口复杂度被认为能够用来衡量出口产品、产业或出口国总出口的技术含量，其最大优势在于无须具

---

① Fontagn et al. Specialization across Varieties within Products and North South Competition [R]. CEPII Working Paper, 2007.

② Michaely M. Trade, Income Levels, and Dependence [J]. Economica, 1986, 53 (211): 410.

体产品或产业层面的 R&D 投入数据，而是利用产品出口国的收入水平来度量具体产品的技术水平[①]。Xu（2007）、Wang 和 Wei（2008）测算了中国的出口复杂度指数，结果显示中国所处的价值链位置正在快速提升。邱斌等（2012）利用出口复杂度指数研究了中国制造业在 GVC 中的分工地位，认为中国技术密集型行业分工地位提升明显，而劳动密集型和资本密集型行业分工地位提升不明显。赵增耀和沈能（2014）利用投入产出法分离了进口中间品的技术含量，得到国内生产部分的技术含量作为中国企业在 GVC 中地位的估计值。他们认为，中国出口产品的国内技术含量均低于全部技术含量，其中高技术部门尤为突出；尽管中国出口产品的国内技术含量不断上升，但由于 GVC 中的技术升级速度明显低于其他国家和地区，使中国制造业的 GVC 地位不断下滑。

出口价格和出口复杂度指数的共同点是把出口产品作为一个整体去衡量一个国家（地区）产业的国际分工地位，而没有考虑国家间在不同价值链环节上的分工，因此，这些方法均不能有效解决"统计假象"问题，而且由于很多方法采用了人均指标，会低估一些人口众多的国家（如中国、印度等）的技术能力。此外，出口复杂度概念的基本假设推理中存在逻辑漏洞。决定某生产活动是否在富裕国家进行的因素不只是该生产活动所包含的技术水平，它还受交通成本、自然资源利用、市场需求、基础设施水平以及产业分工程度等因素的影响。因此，出口复杂度是以上诸多因素影响的共同反应，而非单纯的技术度量指标。

五、产业上游度测算法

产业上游度（Upstreamness）是 Antràs 等在 2013 年提出的概念，指某一产业与最终消费使用的平均距离，即通过测度特定行业中间品在成为最终需求品前所经历生产阶段的个数来反映特定行业在 GVC 中所处的位置[②]。Antràs 和 Chor（2012）对美国 426 个六位数产业的上游度进行了测算，接着，Antràs 和

---

① Hausmann D. , Hwang J. , Rodrik D. What You Export Matters [J]. Journal of Economic Growth, 2007（12）：433－443.

② Antràs P. , Chor D. Organizing the Global Value Chain [J]. Econometrica, 2013, 81（6）：2127－2204.

Chor（2013）又提出了一个行业在 GVC 中平均位置的两个相关指标：第一个是下游度指标，用一个行业作为中间投入的直接使用占总使用的比率表示，第二个是 Antràs 等（2012）提出的上游度指标的倒数。

王金亮（2014）对中国产业特别是制造业的上游度进行了测算和国际比较，得出中国产业处于 GVC 低端的结论。刘祥和和曹瑜强（2014）测度了金砖四国各行业的上游度指标，认为无论是行业层面还是国家整体层面，中国的分工地位均领先于其他三国，但在教育、计算机、出版、物流等第三产业处于相对劣势。然而，这些研究都是基于一国国内投入产出表的数据，没有从产业在 GVC 中的地位考虑。马风涛（2015）试图克服以上研究的缺陷，利用世界投入产出表计算了中国制造业部门的上游度，发现 1995～2009 年大部分制造业部门的上游度水平得到提升，在 GVC 中的分工地位有所改善，而 2009～2011 年许多部门的上游度水平有所下降。上游度指数的局限性使其只能反映一国在特定产业中的嵌入位置，却不能反映它的增值能力。

第二节　GVC 分工地位升级的驱动因素

Gereffi 认为，分工地位升级包括几个方面的含义：首先，就国家、企业和工人而言，升级是指在全球生产网络中，从价值链的低端向高端移动的过程；其次，就生产的产品而言，升级是指产品向全球价值链的更高端转移；最后，就产业而言，升级是指产业从劳动密集向资本密集、技术密集、知识密集转移[①]。Poon 认为，产业升级是制造商成功地从生产劳动密集型的低附加值产品或价值链环节向更高价值的资本或技术密集型产品或价值链环节持续转移的过程。即产业由低技术、低附加值状态向高技术、高附加值状态动态演进的过

---

① Gereffi G.. The Global Economy：Organization，Governance，and Development ［M］//N. Smelser，R. Swedberg. Handbook of Economic Sociology（2nd Edition）. Princeton，NJ：Princeton University Press，2005.

程①。通过对国内外文献的梳理发现，影响 GVC 分工地位的主要因素可分为"内部力量"和"外部力量"。

一、"内部力量"对 GVC 分工地位升级的作用

"内部力量"是指国内物质资本和人力资本的积累、技术研发与创新各种因素的作用，这些是一国实现产业升级的基础和根本。

1. 企业内部动力

Hamel 和 Pralahad（1990，1994）认为，升级是由核心竞争力变化引起的，核心竞争力是一种相对独特、难以模仿的能力，因而易形成进入障碍。Teece、Pisano 和 Shuen（1994，1997）认为，升级是动态能力变化引起的，企业动态能力是一种开拓性能力，强调以开拓性动力克服能力中的惯性，因此，企业在 GVC 上的任何升级行为都与创新、改进因素相关联。Grossman 和 Helpman（1994）认为，一国的创新是形成该国高科技部门内生比较优势的原因。他们基于内生创新理论对动态比较优势的研究表明，在长期内，一国的贸易模式反映了其在产业研发活动中的资源配置，这种资源配置由要素构成、经济规模和以往的研究经验共同决定，如国内物质资本和人力资本的积累、技术研发与创新等因素的作用，这些才是一国实现产业升级的基础和根本②。Reeve（2006）研究发现，人力资本和教育的投资对于 OECD 国家产业结构演进有着显著和独特的影响作用。他指出，在新经济情形下，几乎所有制造业都严重依赖于资本和中等教育水平的劳动力，另外，高教育水平的劳动力导致了制造产业的产品成本下降③。

国内学者方面，黄先海和杨高举（2010）研究表明，国内技术创新、物质资本和人力资本等要素的协同性提升，是提高中国高技术产业国际分工地位

---

① Poon. The Technological Structure and Performance of Developing Country Manufacturing, 1985 - 1998 [J]. Oxford Development Studies, 2000 (28): 337 - 369.

② Grossman G. M., E. Helpman. Technology and Trade [J]. NBER Working Paper, 1994, No. 4926.

③ Reeve T. A. Factor Endowments and Industrial Structure [J]. Review of International Economies, 2006, 14 (1): 30 - 53.

的关键性内部动力①。孟祺（2014）研究发现，劳动力素质提升和研发投入增加对于提高一国的国际分工地位具有重要的作用。郭晶和赵越（2012）认为，高技术产业国际分工地位的提升主要依赖于人力资本要素尤其是创新型人力资本，研发经验和经济规模未对其国际分工地位产生积极影响。陈仲常、马红旗和绍玲（2012）认为，规模经济效应在中国高技术产业价值链升级中发挥了积极的作用，尤其是对大型企业；出口规模与企业的价值链升级呈倒 U 形关系。邵青（2015）认为，研发投入、资本劳动比、制造业对生产性服务业的依赖程度对中国制造业价值链增值有显著促进作用，行业规模促进作用不明显。

2. 企业外部动力

政府支持、金融环境、良好的市场环境等企业外部条件对价值链升级也有显著的促进作用。Wang 和 Wei（2008）认为，政策因素在中国的价值链提升中扮演着重要角色，中国各级政府部门通过税收和其他政策激励引导企业加快产品结构的技术升级，有效的政策激励增加了出口产品的技术含量，对价值链提升具有显著的积极意义②。陈仲常、马红旗和绍玲（2012）认为，中国的政府支持主要集中于大型企业，对其他类型企业的支持力度还不够；中国的金融环境多益于大型企业和国有企业的价值链升级，对"三资"企业和中小型企业的影响不明显。胡昭玲和宋佳（2013）认为，良好的融资条件有利于提升国际分工地位。邵青（2015）认为，良好的市场环境对中国制造业价值链增值有显著促进作用。

近年来，制度、生产性服务业、国内价值链等外部因素对价值链升级的作用日益得到学者们的重视。在制度对价值链升级的影响方面，Nunn（2007）、Feenstra 等（2013）研究发现，具有较高制度质量的国家在契约密集度较高或制度依赖度高的行业（如通信设备、仪器仪表等资本、技术密集型行业）具

① 黄先海，杨高举. 中国高技术产业的国际分工地位研究——基于非竞争型投入占用产出模型的跨国分析［J］. 世界经济，2010（5）：82－99.

② Wang Zhi，Wei Shang－Jin. What Accounts for the Rising Sophistication of China's Exports［R］. NBER Working Paper，2008，No. 13771.

有比较优势，表现出较多出口①。制度质量的改进通过降低交易成本，有助于提高参与分工生产的层次，提升 GVC 分工地位②。另外，良好的制度环境可以通过减少创新研发过程中的不确定性，促进先进技术的开发与应用，推动 GVC 分工地位向上攀升③（Tebaldi and Elmslie，2013）。唐海燕和张会清（2009）认为，有效的知识产权保护体系不仅会鼓励国内企业加大研发投入，推动自主知识产权的技术进步，也会激励跨国公司更多地采用先进的生产工艺，或者将技术含量更高的生产环节转移到发展中国家。开放的贸易制度降低了产品内国际分工的关税和非关税交易成本，为发展中国家融入全球生产网络提供了更多的机会，拓展了国内外企业分工合作的广度和深度。规范的商业制度、快捷的审批制度以及宽松的税收制度等条件，都会增进国际分工合作，对价值链提升起到间接的促进作用。胡昭玲和张玉（2015）在新制度经济学框架下提出关于制度质量改进促进 GVC 分工地位提升的假说，通过计量检验发现，在一定范围内，制度质量改进显著提升 GVC 分工地位，但提升效应呈非线性特征；制度质量改进对较低层次制度质量的国家改善分工地位具有更为显著的促进作用，因此，对于新常态下的中国而言，释放制度红利是 GVC 分工地位向上攀升的重要战略选择。

在生产性服务业对价值链升级的影响方面，Teece（1986）认为，知识密集型服务在市场环境和制造业企业客户之间充当着"桥梁"或接口，是客户创新能力演进加强的催化剂④。Marshall（2012）认为，生产性服务业在与制造业关联的密集区域集聚，会产生三个方面的积极外部效应：第一，知识溢出。由于地理邻近、非正式接触及劳动力流动等因素，企业和员工之间知识的传输容易产生知识溢出。第二，劳动力池。专业化的当地劳动力市场便于企业

① Nunn N. Relationship Specificity, Incomplete Contracts, and the Pattern of Trade [J]. Quarterly Journal of Economics，2007，122（2）：569－600.

② Feenstra R. C.，C. Hong，H. Ma，et al. Contractual Versus Non Contractual Trade：The Role of Institutions in China [J]. Journal of Economic Behavior & Organization，2013，94：281－294.

③ Tebaldi E.，B. Elmslie. Does institutional Quality Impact Innovation? Evidence from cross Country patent Grant Data [J]. Applied Economics，2013，45（7）：887－900.

④ Teece D. J. Profiting from Technological Innovation：Implications for International Collaboration Licensing and Public Policy [J]. Research Policy，1986，15（6）：285－305.

获得大量技术工人，避免劳动力短缺风险。第三，中间投入品共享。在地理集中的市场区域内可以共享到大量的服务和生产要素①。邓丽姝（2015）通过逻辑分析和数理模型分析发现，生产性服务业通过报酬递增效应和产业融合效应，主导了服务经济条件下的产业升级。王菁和齐俊妍（2015）通过理论模型分析表明，生产者服务贸易的发展通过人力资本的优化和高技术的溢出效应，占领制造业价值链高端环节，进而提升制造业价值链。白清（2015）认为，生产性服务业促进制造业升级的内在机理是：生产性服务业外包促进了制造业核心竞争力形成以及效率提升；生产性服务业集聚与制造业协同定位促进制造业规模收益递增；生产性服务业与制造业价值链融合促进制造业附加值提升；知识密集型生产性服务业提供的高级要素投入促使制造业创新能力提升②。

在国内价值链对国际分工地位升级的作用方面，Bazan L. 和 Navas – Aleman L.（2004）、Navas – Aleman L.（2011）研究了巴西家具和鞋类企业，发现本地价值链对 GVC 升级具有重要作用。Daria Taglioni（2014）认为，建立买方和卖方的本地关联，增加本地企业吸收能力对价值链升级非常重要③。黎峰（2015）发现，国内生产配套水平对提升国际分工地位的影响显著。柴斌锋和杨高举（2011）发现，国内价值链的高级化会明显地促进 GVC 地位的提升，高端型和生产型投入对 GVC 地位提升具有明显的促进作用。

二、"外部力量"对 GVC 分工地位升级的作用

Gereffi（1999）强调，国际联系对发展中国家获得技术知识、增强学习和创新具有重要的作用，发展中国家参与全球价值链是产业升级的必要步骤④。

① Marshall A. Principles of Economics ［M］. London：Macmillan，2012.
② 白清. 生产性服务业促进制造业升级的机制分析——基于全球价值链视角 ［J］. 财经问题研究，2015（4）：17 – 24.
③ Taglioni D.，Winkler D. Making Global Value Chains Work for Development ［J］. Worldbank Other Operational Studies，2014（143）：1 – 10.
④ Gereffi G. International Trade and Industrial Upgrading in the Apparel Commodity Chains ［J］. Journal of International Economics，1999a（48）：37 – 70.

这些研究关注的重点是"外部"性的因素，即从发展中国家之外寻求能帮助其实现升级的途径，试图借助分工合作的知识溢出来提高技术水平、改善分工地位，实现价值链由低端向高端跨越。

1. FDI 与价值链升级的关系

对此学者们的看法不尽一致。一些研究发现，FDI 对中国价值链分工地位升级具有明显促进作用，持有这种观点的学者认为，外资企业将该国的技术带进东道国，显示出良好的示范作用，由于竞争的存在，东道国企业为了不被淘汰，通过"干中学"或者增加研发投入来促进自己的技术进步（Feinberg and Majumdar，2001；Cheung and Lin，2004；姚博和魏玮，2012；X. Xu and Y. Sheng，2012；胡昭玲和宋佳，2013）。而另外一些研究者发现，FDI 溢出效应和技术引进的效果并不尽如人意。例如，黄先海和杨高举（2010）认为，FDI 溢出作用的效应相对有限；余姗和樊秀峰（2015）认为，外资进入强度并不必然促进价值链的升级，而存在行业差异。还有部分研究显示，外商直接投资对价值链升级的影响并不显著，甚至显著为负，如平新乔（2007）研究表明，FDI 的流入在一定程度上阻碍了内资企业技术创新的努力。这可能是由于 FDI 进入后挤占了东道国企业的市场份额，使内资企业减少产量，从而最终降低内资企业的生产率（Aitken and Harrison，1997），也可能是由于东道国的 R&D 没能发挥吸收作用。Sabirianova Svejnar Terrell（2005）研究发现，在捷克和俄罗斯，FDI 对东道主企业的生产率都产生显著的负面效应，没有使这两国缩小与世界先进技术水平之间的差距，甚至它们离世界先进水平更远了。Fan 和 Hu（2007）发现，FDI 对中国企业研发努力的净作用显著为负。陈仲常、马红旗和绍玲（2012）发现，"三资"企业所取得的技术因素对价值链升级起到了抑制作用。

2. 国际生产分割与价值链升级的关系

国际生产分割是指将生产过程分割成不同的环节，而这些环节可能发生在两个或者两个以上的国家。在全球市场一体化和生产分散化并行的背景下，国际生产分割得到了快速发展。在参与国际生产分割与价值链地位提升的关系方面，学者们分歧较大。一些研究发现国际生产分割总体上促进了中国制造业的价值链提升，例如，Amighini（2005）对中国 ICT 产业的分析表明，中国在这类产业的国际垂直分工中从低端起步，从技术扩散中获益，这对整个国家的产业升级都产生了积极影响。唐海燕等（2009）通过对 40 个发展中国家样本的研究，发现产品内国际分工对一国的价值链水平具有重要的提升作用，这种提升作用主要表现在高层次的分工合作方面。也有学者认为，国际生产分割对中国价值链升级的影响存在行业差异，如姚博和魏玮（2012）研究表明，生产分割对技术部门的价值链促进作用比资本部门明显。邱斌等（2012）发现，与以零部件贸易为主的行业相比，生产分割对价值链提升的积极影响在以半成品贸易为主的行业中更为显著；在资本技术密集型行业中，生产分割有助于提升中国制造业的价值链地位，但在劳动密集型和资本密集型行业这一作用并不明显。还有学者认为国际生产分割对中国价值链地位的影响呈现先扬后抑的阶段性特征，如赵增耀和沈能（2014）研究表明，生产分割对中国企业价值链地位的影响呈现显著的倒 U 形曲线关系；在嵌入全球价值链初期，中国企业通过不断地满足发达国家价值链治理的参数、接受发达国家的技术指导与培训或通过"干中学"效应，促进了其在全球价值链中的升级，但是随着生产分割的不断加深，其生产环节受到了发达国家价值链治理的"锁定"，从而抑制了其价值链的升级①。此外，有部分学者认为国际生产分割对价值链升级产生了负面影响，如 Naghavi 和 Ottaviano（2006）认为，企业虽然通过分割生产环节降低了成本，但这会使创新动力被削弱。另外，研发机构和生产部门与销售市场相距较远，创新能力也会受到影响②。

3. OFDI 与价值链升级的关系

自 20 世纪 90 年代以来，国内外不少学者开始就对外直接投资（OFDI）的母国产业升级效应进行了研究。Mathews（2006）通过分析亚太地区跨国公司的典型案例，提出了"LLL 分析框架"（Linkage – Leverage – Learning Frame-

---

① 赵增耀，沈能. 垂直专业化分工对我国企业价值链影响的非线性效应［J］. 国际贸易问题，2014（5）：23 – 34.

② Naghavi A. and Ottaviano G. Offshoring and Product Innovation［R］. CEPR Discussion Paper，2006，6008.

work）。该分析框架认为，作为后来者的新兴经济体的跨国公司，通过外部"资源联系"、"杠杆效应"和"干中学"进行 OFDI，可以获得新的竞争优势并促进本国产业结构优化升级[①]。Lipsey（2002）的案例研究显示，部分新兴工业化经济体借助 OFDI，由原材料及食品出口市场变为高新技术产品出口市场，由此实现了经济体内的产业结构升级。Salvador、Gorg 和 Strob（2005）对爱尔兰的 OFDI 数据进行研究后发现，由于跨国公司对中间投入品的需求一部分会从投资国的国内市场获得，从而引致投资国国内产业结构优化升级。UNCTAD（2006）所作的研究进一步证实，在适当的条件下，OFDI 确实有助于增进投资国的产业竞争力，在实施 OFDI 的产业中形成大范围的结构提升，这方面的典型案例有印度的信息技术产业、韩国和中国的消费电子产品产业以及中国台湾的计算机和半导体产业[②]。江小涓和杜玲（2002）认为，OFDI 会从三个层面对投资国产业结构产生影响：一是企业内部的结构调整，即用新的生产方式改造投资国的原有企业；二是产业内部的结构调整，即将投资国的企业向原来所在产业的上游或下游部门转移；三是产业之间的结构转移，即将投资国的原有企业向新的产业转移。发展中国家或地区通过开展 OFDI，可以建立起以本国企业为核心的国际生产体系，使之形成对国内产业结构升级的直接牵引，从国际生产的需求和供给两个方面推动国内产业结构升级[③]。赵伟和江东（2010）认为，OFDI 将通过微观动因、宏观效应和间接传导机制三个途径促进投资国产业结构升级，微观动因包括获取国外低成本要素资源、绕开贸易壁垒、扩大海外市场、提高企业运营效率以及获取关键技术和核心资产，宏观效应包括产业转移、产业关联、产业竞争及技术进步效应。间接传导机制是指OFDI 通过影响贸易结构和供需结构，对投资国产业升级产生促进作用，即沿着"OFDI—贸易结构改善—产业升级"和"OFDI—供需结构优化—产业升

① Mathews, J. A. Dragon Multinationals：New Players in 21st Century Globalization ［J］. Asia Pacific Journal of Management，2006（23）：5－27.

② UNCTAD. FDI from Developing and Transition Economies：Implications for Development ［R/OL］. World Investment Report，2006. www.unctad.org.

③ 江小涓，杜玲. 对外投资理论及其对中国的借鉴意义 ［J］. 经济研究参考，2002（73）：11－13.

级"两条间接传导路径发生作用①。杨建清（2015）研究发现，OFDI 对中国产业升级有一定的促进作用，但相比其他因素其作用相对偏小，东部地区的 OFDI 对其产业升级的作用较显著，中西部地区的 OFDI 对其产业升级的作用不显著。

第三节　发展中国家 GVC 分工地位升级的路径选择

随着发展中国家在 GVC 中重要性的不断提升，近年来 GVC 领域的研究重点逐渐集中于发展中国家及其企业加入 GVC 的方式、如何通过加入 GVC 进行升级方面。具体来说，发展中国家提升价值链地位主要有以下几种路径：

一、加入发达国家主导的 GVC

关于 GVC 分工中产业升级路径的研究，最有代表性的是 Gereffi（1999）、Kaplinsky 和 Morris（2001）、Humphre 和 Schmitz（2002）提出的以企业微观主体为中心的相互关联、递进式升级模式分析框架。Humphrey 和 Schmitz（2002）提出，GVC 当中主导企业与被领导企业之间存在四种治理形式：市场导向型、均衡网络型、俘获网络型与层级型，并按照升级的难易程度，从易到难地提出了四种产业升级方式，即工艺升级、产品升级、功能升级和链的升级②。Gereffi、Humphrey 和 Sturgeon（2003）在此基础上对其进行了丰富和完善，提出了五种类型的 GVC 治理形式：市场导向型（Market）、均衡网络型（Network）、俘获网络型（Captive）、模块型（Modular）与层级型（Hierarchy）。他们认为，三个变量（企业之间需要传递的信息编码的复杂程度、企业对信息的编码能力以及供应商的核心竞争力）决定了价值链治理模式并且也

---

① 赵伟，江东. ODI 与母国产业升级：先行大国的经历及其启示——多视野的考察与分析 [J]. 浙江社会科学，2010（6）：2 – 13.

② Humphrey J. , Schmitz H. Developing Countries Firms in the World Economy：Governance and Upgrading in Global Value Chains [R] . University of Duisburg, Institut fur Entwicklung und Frieden, 2002：25 – 27.

是价值链动态变化的驱动因素，而不同类型的价值链治理模式产生了不同的升级路径选择①。Gereffi（2002）、Kaplinsky 等（2002）认为，在地方产业集群升级过程中，领先企业（主企业）对价值链的治理能力能帮助地方产业网络顺利地实现阶梯式的"过程升级""产品升级""功能升级"和"链的升级"②。

二、转变加入 GVC 的方式

Humphrey 和 Schmitz（2004）认为，发展中国家与发达国家之间易形成俘获型生产网络，从而使发展中国家陷入"低端锁定"，因此，发展中国家在全球价值链的低端环节很难向高端攀升，在领先公司的治理下，地方产业网络虽然能够成功地实现"产品升级""过程升级"，但是，"功能升级""链的升级"却很难发生，因此，不存在升级过程中自动快速的实现机制③。Schmitz 和 Knowing（2000）对制鞋业的实证研究发现，巴西、中国和印度的制造商在进行营销和设计能力等功能升级时遭到了主导企业的阻挠和构筑的壁垒限制，原因是价值链的治理者不希望供应商侵蚀其核心竞争力，进而阻碍生产商在设计、营销、品牌等方面的功能性升级行为④。王益民（2007）针对台商大陆笔记本电脑产业链的实证研究发现，全球价值链驱动的移入产业与本土产业之间的技术联系相对松散甚至完全割裂，从而抑制了产业升级发生。因此，发展中国家必须转变和创新加入 GVC 的方式，才有可能实现价值链升级（刘志彪，2008）。文嫣和曾刚（2006）认为，应主动调整自身与 GVC 的整合方式，积极与领先公司互动，从而突破领先公司在价值链关键环节设置的"壁垒"，顺利

---

① Gereffi G., Humphrey J., Sturgeon T. The Governance of Global Value Chains ［R］. Duke University Working Paper, 2003.

② Gereffi G. Global Production Systems and Third World Development ［M］. Cambridge：Cambridge University Press，2002.

③ Humphrey J. Upgrading in Global Value Chains ［R］. Geneva：International Labor Organization （ILO）Working Paper，2004，No. 28.

④ Schmitz Hubert Knowing. Global Commodity Chain Analysis and the File Approach：Comparison and Critique ［J］. Economy and Society，2000，29（3）：390 –417.

实现在 GVC 上的全面升级①。黄永明等（2006）归纳出基于技术能力、市场扩张能力及市场和技术相结合的三种升级路径。刘志彪（2008）认为，要从动态的角度研究价值链的攀升问题，逐步摆脱跨国公司通过 GVC 的治理机制对发展中国家本土企业的控制。具体来说就是要增加对现有制造业的生产性服务，特别是其中高级生产者服务的投入，即利用技术、知识和人力资本等高级要素的投入，改变发展中国家的企业在 GVC 低端发展的路径依赖，把价值链转化为具有促进产业升级功能的学习链和创新链，从而获得产业升级和竞争优势②。陈莎莉和张纯（2013）认为，中国必须转换发展路径，通过构筑进入壁垒、培育国内市场、嵌入创意资本，才能由低成本集群向创新型集群发展。

三、构建自主型 GVC

Yohanes Kadarusman（2013）通过案例分析发现，部分印度尼西亚企业没有嵌入发达国家主导的 GVC，而是通过发展国内市场和新兴出口市场，获得了创新能力，实现了设计、品牌方面的功能升级。Gary Gereffi 等（2010）认为，由于新兴市场相比传统市场对产品的要求更低，有利于提高发展中国家的企业在设计、营销、品牌等方面的能力，为企业的价值链升级提供更多机会。Joonkoo Lee 和 Gary Gereffi（2015）认为，随着新兴市场的崛起和价值链区域化的发展，发展中国家企业可以通过建立区域供应链和零售网以及南南价值链，在重构 GVC 中扮演重要角色③。刘城（2013）认为，中国要鼓励大型企业充分利用后发优势，主动实施国际化战略，发展自主型价值网络，由被动嵌入 GVC 向主动嵌入 GVC 并逐步占据价值链关键环节转变，在发展成为跨国公司的同时，提高对 GVC 关键环节的掌控能力④。刘志彪（2015）认为，进入

---

① 文嫣，曾刚. 价值链空间形态演变下的治理结构研究——以集成电路产业为例［J］. 中国工业经济，2006（2）：78 - 85.

② 刘志彪. 生产者服务业及其集聚：攀升全球价值链的关键要素与实现机制［J］. 中国经济问题，2008（1）：3 - 13.

③ Jonkoo Lee, Gary Gereffi. Global Value Chains, Rising Power Firms and Economic and Social Upgrading［J］. Critical Perspectives on International Business, 2015（7）：319 - 341.

④ 刘城. 基于全球价值链视角的本土跨国公司培育路径探析［J］. 广东社会科学，2013（3）：52 - 58.

新常态的过渡时期，中国必须从加入全球价值链转向嵌入全球创新链。一是要推进以现代服务业开放化发展为核心的经济全球化；二是要通过扩大内需战略的实施逐步转向嵌入全球创新链，实现要素驱动和投资驱动向创新驱动轨道的发展。其基本路径是，要求企业加入或形成国内价值链，在此基础上形成全球创新链，即国内巨型企业或中国跨国公司处于价值链高端的治理者位置（价值链"链主"），它们根据市场需求（包括国外市场需求）和自己主导的研发设计向国内外企业发包，使全球生产要素供给企业成为自己的供应商或形成全球供应链，然后把产出向全球销售。也就是利用内需市场的吸引力促进企业从加入全球价值链走向加入全球创新价值链①。

可见，超越当下 GVC 驱动的外向型产业发展模式，把发展 GVC 分工和重视国内市场及新兴市场需求的制度创新结合起来，培育外向推动和内生拉动有效结合的产业升级动力机制，战略性地发展本土跨国企业，构建融合 GVC 驱动与国内市场及新兴市场引致创新的平衡增长路径，才是实现中国未来产业升级的合意之策。

第四节　主要结论与研究展望

一、主要结论

第一，多数学者研究认为，中国的全球价值链分工地位较低，低技术制造业实现了价值链地位的提升，但中高技术行业参与 GVC 分工的锁定效应明显。也有少数学者认为，中国技术密集型行业分工地位提升明显，而劳动密集型和资本密集型行业的分工地位提升不明显。

第二，技术创新、物质资本、创新型人力资本等企业内部动力是一国实现产业升级的基础和根本，政府支持、金融环境、市场环境、制度、生产性服务

---

① 刘志彪. 从全球价值链转向全球创新链：新常态下中国产业发展新动力［J］. 学术月刊，2015（2）：5 - 15.

业、国内价值链等企业外部动力对价值链升级也有显著的促进作用。OFDI 对价值链升级有促进作用，而 FDI、生产分割等外部力量对价值链升级的作用不明确。

第三，发展中国家价值链分工地位升级的路径，应从简单地加入发达国家主导的 GVC，过渡到转变加入 GVC 的方式，在此基础上，逐步向构建自主型 GVC，即融合 GVC 驱动与国内市场和新兴市场引致创新的平衡增长路径过渡。

二、研究展望

GVC 地位的研究还是一个较前沿的问题，通过对国内外近年研究动态的梳理和分析，我们发现目前还有很多需要研究的方向。

第一，对价值链地位的指标考量仍有待探索。首先，价值链升级主要体现在产品附加值中知识和技术密集型产业的比重越来越大，但目前尚没有文献较为严谨地直接测度出这个方面的表现，所以，指标可能欠准确；其次，目前对价值链地位的测度尚欠缺统一的方法，而且各种方法都存在不同程度的缺憾，同时，对价值链地位的测度存在较大分歧，导致产生了截然不同的研究结论。

第二，从主动构建 GVC 的角度研究价值链地位的驱动因素。目前，对价值链地位驱动因素的实证研究主要是从中国作为价值链被动接受方的角度进行的，对国内需求和新兴市场需求等对价值链地位影响的研究还很少。因此，考虑国内需求和新兴市场需求等因素对价值链地位的影响及其影响机制是未来进一步研究的方向。

第三，国内外现有文献对发展中国家价值链地位升级的路径进行了多视角的分析和阐述，但还仅限于理论上的分析与探索，仍需结合不同国家的价值链升级实践，做进一步的实证分析和检验。

第二章　制造业全球价值链利益分配与中国的竞争力研究

20世纪90年代以来，随着全球信息技术和物流产业的发展，国际垂直专业化分工成为经济全球化最为显著的特征，由此导致中间品贸易大量出现，加工贸易广泛开展，产品的生产链和价值链也被最大限度地在国家间进行拆分及整合①。在此背景下，传统意义上产品的"国家制造"已经转变成"世界制造"②。由各国各部门参与构建的产品全球价值链分工模式对各国制造业发展产生了重大而深远的影响，也改变了国际竞争的性质。以往评价一个国家竞争力时通常采用基于进出口额的国际竞争力指标，这夸大了那些依赖进口中间品的经济体的竞争力，而无法全面、有效地说明一国真实的国际竞争力状况③。全球价值链分析（Global Value Chain Analysis），简称GVC分析，为准确衡量各国的国际竞争力提供了新的途径。对比传统的贸易统计方法，GVC分析不仅重视生产与贸易的增加值部分，而且可以沿产业链纵向分解单个产品在全球生产链上不同经济体和不同行业产生的增加值，因此，能更准确地反映各国的竞争力状况。

近年来，国内一些学者已经开始运用GVC分析方法对中国产业的竞争力和国际分工地位进行研究。马凤涛和李俊（2014）利用世界投入产出表，对中国制造业产品的全球价值链进行了解构分析，发现中国多数制造业产品的国

---

① 徐久香，方齐云. 基于非竞争型投入产出表的我国出口增加值核算［J］. 国际贸易问题，2013（11）：34 - 44.

② 张磊，徐琳. 全球价值链分工下国际贸易统计研究［J］. 世界经济研究，2013（2）：48 - 53.

③ Timmer Marcel P., Bart Los, Robert Stehrer, Gaaitzen J. de Vries. Fragmentation, Incomes and Jobs. An analysis of European Competitiveness［D］. GGDC Research Memorandum GD - 130. Groningen：Groningen Growth and Development Centre, University of Groningen, 2013.

内增加值比例有所下降，但近年来有回升趋势；日、美、韩、德、中国台湾等经济体在中国制造业最终产品增加值中的贡献较高，国内服务业部门对中国制造业产品增加值的贡献较大。张海燕（2013）应用附加值贸易测算法计算了中国35个行业的出口附加值，结论如下：虽然中国仍然可以保有"头号"出口大国的地位，但领先优势远不如传统统计显示的明显；制造业中，纺织服装等6大出口行业整体竞争力较强，化学制品业、基本金属及金属制品业缺乏出口竞争优势，电子与光学制造业缺乏面对激烈国际竞争的实力。杨高举和周俊子（2012）基于非竞争型投入产出模型分析了中国高技术产业的国际分工地位。结果表明，传统的出口总额统计法导致中国高技术产业的国际分工地位被高估，与主要发达国家相比，中国的高技术产业尚不具备占领世界领先地位的实力。周升起等（2014）采用GVC地位指数，分析了1995～2009年中国制造业及内部各部门在GVC中的分工地位及其演变情况，发现目前中国制造业整体及内部各部门在GVC中的分工地位仍处于较低水平；中国劳动密集型制造业部门在GVC中的分工地位明显高于资本、技术密集型和资源密集型制造业部门。邱斌等（2012）利用出口复杂度指数，计算了中国2001～2009年24个制造业行业在GVC中的分工地位，结果显示，全球生产网络促进了中国制造业分工地位的提升，在技术密集型行业提升作用明显，而在劳动密集型和资本密集型行业提升作用并不明显。

上述文献分别从不同角度、采用不同方法，对中国制造业的国际分工地位和竞争力进行了研究，但是，仍然存在一定程度的缺憾。例如，Koopman等构建的GVC地位指数，由于没有把"下游"的"物流配送、市场营销以及售后服务"等环节的增加值纳入进来，使计算结果中自然资源丰富的发展中国家在制造业GVC国际分工中的地位高于所有发达国家。采用不同方法得出的结论差异较大，另外，还鲜有学者从制造业产品全球价值链上增加值分配的角度研究中国的国际分工地位和竞争力。

因此，本章基于世界投入产出表，借鉴Timmer等（2013）提出的GVC收入（GVC Income）的概念及其核算框架，测算主要发达国家和新兴经济体在制造业全球价值链上的增加值收入，分析全球制造业产品价值在世界主要国家和各部门的分布情况，并计算了各国基于 GVC 收入的显性比较优势指数，以准确评价中国在制造业全球价值链上的竞争力和分工地位。此外，还对中国在制造业 GVC 中竞争力的影响因素进行了实证研究。

第一节 研究方法与数据来源

一、GVC 收入的推算方法

Marcel P. Timmer（2013）提出了 GVC 收入的概念及其核算框架，用来研究世界各国各部门对制造业最终需求产品所贡献的增加值。Timmer 将 GVC 收入定义为，一国直接或间接参与制造业最终产品生产所获得的增加值收入[①]。GVC 收入的计算公式推导如下：假设世界有 N 个国家，每个国家有 S 个部门、F 种生产要素，每个部门只生产一种产品，因此，整个世界共有 SN 种产品。每种产品的生产需要投入本国的生产要素和来自国内外的各种中间投入品，每种产品的产出可以用来满足国内外各部门的中间需求和最终需求。用 i 表示来源国，j 表示目的地国，s 表示来源部门，t 表示目的地部门，则产品市场出清条件是

$$y_i(s) = \sum_j f_{ij}(s) + \sum_j \sum_t m_{ij}(s,t) \qquad (2-1)$$

其中，$y_i(s)$ 为 i 国 s 部门的总产出值，$f_{ij}(s)$ 为 j 国对 i 国 s 部门产品的最终需求，$m_{ij}(s, t)$ 为 j 国 t 部门对 i 国 s 部门的中间需求。利用矩阵代数，SN 种产品的市场出清条件可以形成一个世界投入产出系统，令 y 为 SN 维的产出向量（$SN \times 1$），这个向量是把世界各国各部门的产出堆积在一起所形成的列向量。定义 f 为对各国各部门产品的世界最终需求向量（$SN \times 1$），A 为直接消耗矩阵（$SN \times SN$ 的矩阵），其中的每个元素 $a_{ij}(s, t) = m_{ij}(s, t)/y_j(t)$，表示 i 国 s 部门的产品作为 j 国 t 部门的中间投入在 j 国 t 部门总产出中所占的比重。

---

① Timmer Marcel P. , Bart Los, Robert Stehrer, Gaaitzen J. de Vries. . Fragmentation, Incomes and Jobs. An Analysis of European competitiveness ［D］. GGDC Research Memorandum GD – 130. Groningen：Gronin-gen Growth and Development Centre, University of Groningen, 2013.

矩阵 A 描绘了各国各部门如何使用各种国内外中间投入品生产出最终产品。

因此，产品市场出清条件可写为

$$y = Ay + f \qquad\qquad (2-2)$$

进一步推导可得，$y = (I-A)^{-1}f$，I 是单位矩阵（$SN \times SN$），$(I-A)^{-1}$ 为列昂惕夫逆矩阵，该逆矩阵的第 m 行第 n 列为生产 1 单位最终产品 n 所需的 m 部门产品的总产出值。为此，定义 $p_i(s)$ 为 i 国 s 部门生产的单位产品增加值。然后构建一个 SN 维的增加值系数向量 p，考虑对增加值的间接贡献，于是得到为满足一个最终需求向量 f 的增加值向量 v，即

$$v = \hat{p}(I-A)^{-1}f \qquad\qquad (2-3)$$

其中，$\hat{p}$ 是增加值对角矩阵，该矩阵对角线上的元素即向量 p 的元素。我们可以用 $\hat{p}(I-A)^{-1}$ 左乘任意最终需求向量，得到与此最终需求向量相对应的世界各国各部门贡献的增加值。如果把各国各部门的增加值进行加总，就等于该最终产品的价值。

利用世界投入产出表，可以计算出任何国家直接或间接参与全球制造业最终产品生产所获得的增加值收入。本章将某国直接或间接参与全球制造业最终产品生产所获得的增加值收入称为某国制造业产品 GVC 收入，将某国直接或间接参与全球 s 产品生产所获得的增加值收入称为某国 s 产品 GVC 收入[①]。如果将所有国家制造业产品 GVC 收入加总，就得到世界制造业产品 GVC 收入，即世界制造业最终产品的价值。

二、基于 GVC 收入的 RCA 指数的计算方法

本章采用显示性比较优势指数（RCA 指数）研究各国在制造业全球价值链上的竞争力。RCA 指数是一种常用的国际竞争力指标，是指一个国家某种产品的出口值占该国出口总值的份额与世界该种产品的出口值占世界出口总值的份额的比率。由于基于出口额的 RCA 指数没有充分反映当前的国际生产分割，因此，本章采用了 Timmer（2013）构建的基于 GVC 收入的 RCA 指数。

---

① 本章研究的某国制造业产品 GVC 收入是指某国境内企业直接或间接参与全球制造业最终产品生产活动获得的增加值收入，没有考虑企业的所有权问题。

基于 GVC 收入的 RCA 指数的计算公式为

$$RCA_{is} = \frac{GVC_i^s/GVC_w^s}{GVC_i/GVC_w} \qquad (2-4)$$

其中，GVC_i^s 为 i 国 s 产品 GVC 收入，GVC_w^s 为世界 s 产品 GVC 收入，GVC_i 为 i 国制造业产品 GVC 收入，GVC_w 为世界制造业产品 GVC 收入。如果 RCA_{is} 大于 1，说明相对于其他国家而言，i 国参与 s 产品 GVC 分工获得的增加值收入在 i 国制造业产品 GVC 收入中占比较高，因而该国在这种产品的全球价值链生产中专业化程度较高，具有比较优势。不过，这不一定表明该国是这种产品的主要出口国，因为该国有可能主要从事该产品生产环节附加值较高的上游生产活动，或它的生产主要是满足巨大的国内市场需求[①]。

三、数据来源与说明

本章的主要数据来源于由欧盟委员会资助、多个机构合作研究开发的 WIOD（World Input - Output Data base）数据库 2013 年发布的数据，包括从 1995 年到 2011 年全球投入产出时间序列数据和各国社会与经济统计数据，涵盖了 40 个国家 35 个产业 59 类产品，其中制造业部门 14 个。这 40 个国家的 GDP 总额占全球 GDP 总额的 85%[②]，从而能够反映全球主要经济活动。

第二节 制造业产品 GVC 收入的分布特征

一、制造业产品 GVC 收入的地理分布

1. 整体制造业产品 GVC 收入的地理分布

随着全球价值链分工的不断深化，制造业产品 GVC 收入的地理分布发生

[①] Timmer Marcel P. , Bart Los, Robert Stehrer, Gaaitzen J. de Vries. Fragmentation, Incomes and Jobs. An Analysis of European Competitiveness [D] . GGDC Research Memorandum GD - 130. Groningen: Groningen Growth and Development Centre, University of Groningen, 2013.

[②] Timmer Marcel P. The World Input - Output Database (WIOD): Contents, Sources and Methods [D]. WIOD Working Paper, 2012.

了较大变化（见图 2-1）。2001 年美国制造业产品 GVC 收入居第一位，是中国的 3.71 倍，日本和德国也高于中国。然而，2011 年中国制造业产品 GVC 收入从 2001 年的 4285.88 亿美元增至 18593.74 亿美元，超过美国（16691.69 亿美元）、德国（7190.77 亿美元）和日本（8438.13 亿美元），居世界第一位。从制造业产品 GVC 收入的增速来看，2001~2011 年中国的增长最为迅速，年均增长率为 15.81%；印度、巴西与俄罗斯的增长也较快，年均增长率分别为 11.30%、12.36% 与 14.56%；而德国、法国、英国、美国和日本却增长缓慢，年均增长率分别为 3.89%、2.54%、0.20%、0.49% 与 0.38%。从各国制造业产品 GVC 收入占世界制造业产品 GVC 收入的比重来看，2001 年中国仅为 6.59%，远低于美国（24.45%）和日本（12.50%），2011 年中国的比重增至 16.73%，略高于美国（15.02%），居第一位，而美国、日本、德国、法国和英国所占的比重却不断减少，其中，美国下降的幅度最大。

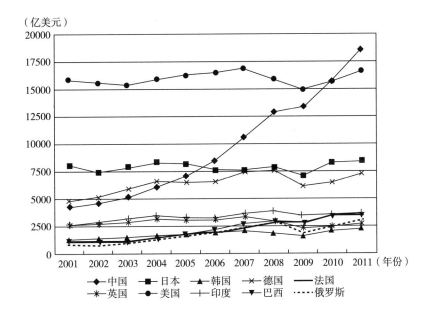

图 2-1　2001~2011 年主要国家制造业产品 GVC 收入

注：为消除通胀影响，各国制造业产品 GVC 收入用以 2001 年为基期的美国 CPI 指数进行平减。

资料来源：根据 WIOD 数据库公布的世界投入产出表计算而得。

2. 具体制造业产品 GVC 收入的地理分布

由图 2－2 可以看到，在世界食品、饮料与烟草 GVC 收入中，美国、中国和日本占比较高。从趋势看，新兴经济体占比均有所上升，其中，中国的占比升幅很大，由 2001 年的 6.48% 提升至 2011 年的 13.65%，而发达国家的占比均有所下降，尤以美国降幅最大，由 2001 年的 22.32% 降为 2011 年的 14.15%。在世界纺织品、皮革与鞋类 GVC 收入中，中国的占比最大，接近 1/3，其次是印度，占比为 6.85%。从趋势看，依然是新兴经济体占比上升，其中，中国升幅最大，从 2001 年的 16.72% 提升至 2011 年的 32.94%；发达国家占比下降，降幅最大为美国，从 2001 年的 13.10% 降为 2011 年的 4.44%。木材、纸制品、印刷与出版物 GVC 收入与化学品与非金属矿产品 GVC 收入的地理分布变化不大，美德等发达国家具有绝对优势，其中，世界木材、纸制品、印刷与出版物 GVC 收入中，美国占比在 30% 以上，德国占比为 7.66%。世界化学品与非金属矿产品 GVC 收入中，美国占比为 18.75%，德国占比为 6.47%。基本金属与金属制品 GVC 收入，机械设备制造 GVC 收入，电子、电器与光学设备 GVC 收入，交通运输设备 GVC 收入的地理分布较为相似，中国、美国、日本和德国占比较大。发达国家的占比均有所下降，以美国降幅最大，日本其次；而新兴经济体所占比重有所提升，其中，中国升幅最大，四类

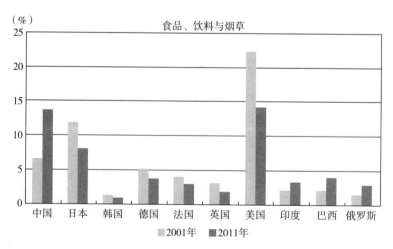

图 2－2　主要国家具体制造业产品 GVC 收入占世界该产品 GVC 收入的比重

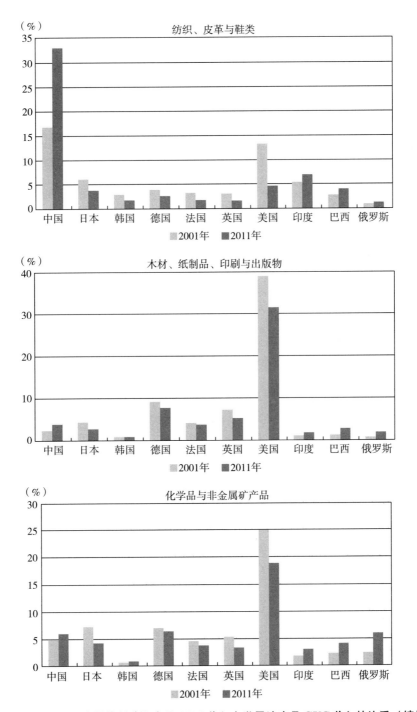

图 2 - 2　主要国家具体制造业产品 GVC 收入占世界该产品 GVC 收入的比重（续）

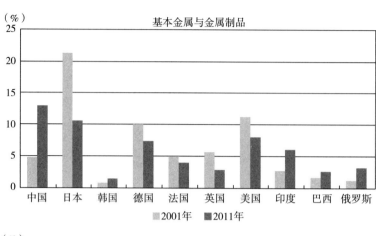

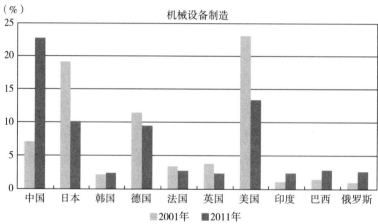

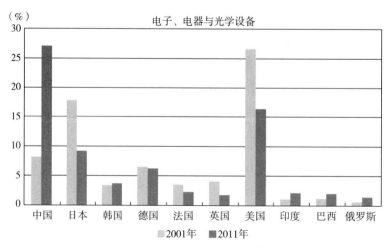

图 2 - 2　主要国家具体制造业产品 GVC 收入占世界该产品 GVC 收入的比重（续）

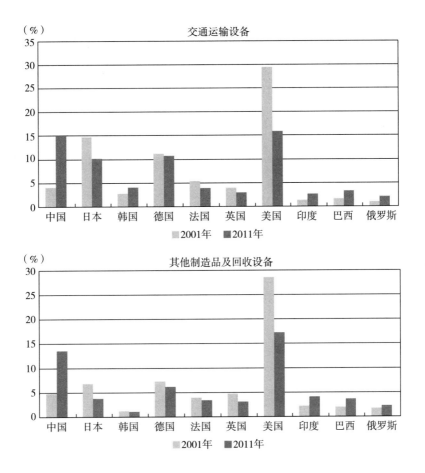

图 2-2 主要国家具体制造业产品 GVC 收入占世界该产品 GVC 收入的比重（续）

资料来源：根据 WIOD 数据库公布的世界投入产出表计算得到。

产品 GVC 收入的占比分别由 2001 年的 4.79%、7.00%、8.17%、3.85% 上升至 2011 年的 12.85%、22.64%、27.07% 和 14.85%。

以上分析说明，发达国家在全球制造业产品价值分配中占比不断减少，而新兴经济体在全球制造业产品价值分配中占比不断提升，尤其是中国，2001 年只有纺织品、皮革与鞋类 GVC 收入居第一位，而 2011 年中国纺织品、皮革与鞋类 GVC 收入，基本金属与金属制品 GVC 收入，机械设备制造 GVC 收入，电子、电器与光学设备 GVC 收入均居第一位。这一方面反映了中国 GDP 增长较快，另一方面也反映了 21 世纪以来发达国家通过对外投资和外包等方式不断把不具备竞争力的环节转移到中国，将中国变为"世界工厂"的现实。

二、制造业产品 GVC 收入的部门分布

研究制造业产品 GVC 收入在各国的部门分布特征，有助于从投入产出关系方面判断中国在制造业 GVC 中的地位。为此，本章将所有部门分为初级产品和资源产品部门、制造业部门和服务业部门三类，并将制造业部门和服务业部门进一步细分①。由于分析各类制造业产品 GVC 收入的部门分布所占篇幅较大，因此本章主要对纺织品、皮革与鞋类 GVC 收入以及电子、电器与光学设备 GVC 收入的部门分布作代表性分析。

1. 纺织品、皮革与鞋类 GVC 收入的部门分布

从各国纺织品、皮革与鞋类 GVC 收入的部门分布看，新兴经济体的初级产品和资源产品部门、劳动密集型制造业部门贡献率相对较高，而发达国家的知识密集型制造业部门和服务业部门贡献率相对较高（见表 2 - 1）。中国纺织品、皮革与鞋类 GVC 收入中，初级产品和资源产品部门、劳动密集型制造业部门的贡献率合计达到 60.54%，超过了世界平均水平（56.63%），其中，初级产品与资源产品部门的贡献率仅次于俄罗斯（20.55%），这说明中国纺织品、皮革与鞋类价值链对自然资源和廉价劳动力的依赖性很强；知识密集型制造业部门对中国纺织品、皮革与鞋类 GVC 收入的贡献率低于美、德、日、韩，高于其他国家；而服务业部门对中国纺织品、皮革与鞋类 GVC 收入的贡献率较小，仅为 21.81%，远低于世界平均水平，在所研究的国家中最低，如美欧

---

① 具体细分为三类：①初级产品和资源产品（农林牧渔业、采矿业）。②制造业细分为：劳动密集型制造业（纺织及服装制造业，皮革、毛皮、羽毛及鞋类制品业，木材加工及木、竹、藤、棕、草制品业，其他制造业及废弃资源和废旧材料回收加工业）；资本密集型制造业（食品、饮料制造及烟草业，造纸及纸制品业，印刷业和记录媒介复制业，石油加工、炼焦及核燃料加工业，橡胶及塑料制品业，非金属矿物与金属制品业）；知识密集型制造业（化学原料及化学制品制造业，机械制造业，电气及电子机械器材制造业，交通运输设备制造业）。③服务业细分为：劳动密集型服务业（建筑业，车辆销售、维护及修理，批发零售、住宿和餐饮业，旅行社业务、家庭服务业）；资本密集型服务业（电力、煤气及水的生产和供应业，运输业，邮政与通信业，房地产业）；知识密集型服务业（金融业，租赁和商务服务业）；健康、教育和公共服务业（公共管理、国防及社会保障业，教育、卫生和社会工作，其他社会及个人服务业）。

都在45%以上，日本甚至达到64.43%，其他新兴经济体也在30%以上；其中，劳动密集型服务业、知识密集型服务业和健康教育与公共服务业部门对中国纺织品、皮革与鞋类 GVC 收入的贡献率仅为6.28%、6.17%、1.25%，而美国为15.15%、20.31%和3.01%，德国为16.12%、16.61%和2.86%，印度为17.30%、9.37%、2.62%。这说明中国纺织品、皮革与鞋类 GVC 收入主要来源于自然资源和加工制造等低端环节，而美国、日本以及欧洲等发达国家则主要来源于设计、营销和金融等高附加值的高端环节，中国在纺织品、皮革与鞋类的全球价值链分工中地位偏低。

表 2 - 1   2011 年主要国家纺织品、皮革与鞋类 GVC 收入的部门分布 单位:%

国家	初级产品和资源产品部门	制造业部门					服务业部门				
		劳动密集型制造业		资本密集型制造业	知识密集型制造业	合计	劳动密集型服务业	资本密集型服务业	知识密集型服务业	健康、教育和公共服务业	合计
		本部门	合计								
世界	14.32	41.72	42.31	6.07	5.97	54.35	12.01	8.56	9.06	1.69	31.33
中国	19.82	42.15	42.72	8.14	7.50	58.36	6.28	8.12	6.17	1.25	21.81
日本	0.69	17.65	18.34	8.15	8.79	34.88	42.79	6.82	12.33	2.48	64.43
韩国	2.25	45.55	46.04	7.42	12.81	66.27	9.79	9.10	11.22	1.38	31.49
德国	0.83	30.80	31.54	8.21	13.29	53.04	16.12	10.53	16.61	2.86	46.13
法国	2.01	35.52	36.10	4.77	4.18	45.05	15.96	9.71	24.48	2.79	52.94
英国	2.71	35.27	36.03	4.87	4.83	45.73	14.37	9.14	25.63	2.42	51.56
美国	5.86	29.04	30.30	6.56	11.76	48.63	15.15	7.04	20.31	3.01	45.51
印度	14.47	36.87	40.02	2.92	3.75	46.69	17.30	9.56	9.37	2.62	38.84
巴西	8.61	53.91	55.20	3.87	2.56	61.63	13.33	6.83	7.23	2.37	29.77
俄罗斯	20.55	23.36	23.71	8.03	5.76	37.50	22.11	13.00	4.88	1.96	41.94

资料来源：根据 WIOD 数据库公布的世界投入产出表计算得到。

2. 电子、电器与光学设备 GVC 收入的部门分布

在各国"电子、电器与光学设备 GVC 收入"中，新兴经济体的初级产品和资源产品部门贡献率相对较高，而发达国家的知识密集型制造业部门的贡献

率相对较高（见表 2－2）。中国电子、电器与光学设备 GVC 收入中，初级产品和资源产品部门、劳动密集型制造业和资本密集型制造业部门的贡献率相对其他国家较大，其中，初级产品和资源产品部门的贡献率为 7.93%，仅次于俄罗斯；劳动密集型制造业和资本密集型制造业部门的贡献率分别为 2% 和 17.49%，在所研究国家中最高；而知识密集型制造业部门的贡献率合计为 41.25%，低于世界平均水平，与美国（68%）、德国（54.67%）、韩国（60.41%）、日本（50.23%）差距较大，其中，本部门的贡献率中国只有 33.99%，是美国的 1/2。服务业部门对中国电子、电器与光学设备 GVC 收入的贡献率也略低于世界平均水平，其中，主要是劳动密集型服务业、知识密集型服务业和健康教育与公共服务业部门的贡献率较低。以知识密集型服务业、健康教育与公共服务业的贡献率为例，德国、法国、英国、美国分别为 18.69%、31.69%、26.32% 和 15.36%，巴西和印度也达到 13.96% 和 17.88%，而中国仅为 10.87%。由于研发、营销、教育等高级生产者服务所内含的无形知识，是难以竞争、难以模仿及可持续创造价值的要素，高级要素含量较少直接影响了中国电子、电器与光学设备的高端化发展。可见，发达国家的电子、电器与光学设备生产更多地带动了本部门和高端服务业的发展，亦即需要相对多的本部门自我投入和高端服务业投入，而中国则更多依靠传统产业或部门的投入，其获利能力和对国内经济的拉动效应也就相对低下。由此可以判断，中国在电子、电器与光学设备的 GVC 分工中地位还较低。

表 2－2　2011 年主要国家电子、电器与光学设备 GVC 收入的部门分布

单位:%

国家	初级产品和资源产品部门	制造业部门					服务业部门				
		劳动密集型制造业	资本密集型制造业	知识密集型制造业		合计	劳动密集型服务业	资本密集型服务业	知识密集型服务业	健康、教育和公共服务业	合计
				本部门	合计						
世界	7.16	1.05	11.86	42.72	47.55	60.46	10.63	8.02	11.81	1.92	32.38
中国	7.93	2.00	17.49	33.99	41.25	60.75	9.91	10.53	9.30	1.57	31.32

续表

国家	初级产品和资源产品部门	制造业部门					服务业部门				
		劳动密集型制造业	资本密集型制造业	知识密集型制造业		合计	劳动密集型服务业	资本密集型服务业	知识密集型服务业	健康、教育和公共服务业	合计
				本部门	合计						
日本	0.56	0.71	13.32	43.17	50.23	64.94	12.94	5.91	12.65	3.00	34.50
韩国	0.70	0.54	12.96	54.91	60.41	73.90	7.10	5.82	11.67	0.81	25.39
德国	0.17	0.38	9.20	49.58	54.67	64.25	9.41	7.47	16.44	2.25	35.58
法国	0.56	0.82	11.00	27.69	30.71	42.54	15.81	9.41	28.71	2.98	56.90
英国	2.10	0.52	8.12	38.91	42.90	51.53	12.94	7.11	24.06	2.26	46.37
美国	0.97	0.51	5.19	65.38	68.00	73.70	6.58	3.38	13.60	1.76	25.32
印度	5.00	1.05	10.49	32.59	36.98	48.51	19.84	12.69	11.69	2.27	46.49
巴西	6.80	0.62	11.87	37.91	40.46	52.95	12.48	9.89	13.44	4.44	40.25
俄罗斯	19.77	0.62	17.02	22.97	26.80	44.45	18.18	10.64	5.03	1.93	35.78

资料来源：根据 WIOD 数据库公布的世界投入产出表计算得到。

3. 制造业产品 GVC 收入部门分布的变化情况

2001~2011 年，部分国家初级产品和资源产品部门对本国制造业产品 GVC 收入的贡献率提高，其中提高较大的是俄罗斯和美国（见表 2-3）。多数国家制造业部门对本国制造业产品 GVC 收入的贡献率下降，下降幅度较大的是法国、英国和巴西，分别为 8.62%、5.55% 和 3.93%，中国下降了 2.70%；但部分国家知识密集型制造业的贡献率有所提高，分别是韩国（5.56%）、中国（2.65%）、德国（2.61%）、印度（2.37%）和美国（1.52%）。多数国家服务业部门对本国制造业产品 GVC 收入的贡献率有所提高，其中提高较大的是法国、英国和印度，分别为 9.21%、4.89% 和 4.21%，中国为 1.86%；主要发达国家和中国服务业部门贡献率提高是由于知识密集型服务业的贡献率提高，法国、印度和巴西则是劳动密集型和知识密集型服务业的贡献率都有所提高，而印度健康、教育和公共服务业的贡献率在所有国家中提高最大，为 0.63%。由于中国劳动密集型和资本密集型制造业部门对其制造业产品 GVC 收入的贡献率下降较大，而知识密集型制造业和知识密集型服务业对其制造业产品 GVC 收入的贡献率有所提高，因此，可以推断中国在制造业 GVC 分工中的地位有一定程度提升。

表 2 - 3　2001 ~ 2011 年主要国家制造业产品 GVC 收入
部门分布的变化情况　　　　　　　　单位:%

国家	初级产品和资源产品部门	制造业部门				服务业部门				
		劳动密集型制造业	资本密集型制造业	知识密集型制造业	合计	劳动密集型服务业	资本密集型服务业	知识密集型服务业	健康、教育和公共服务业	合计
世界	**5.09**	- 0.70	- 1.13	- 1.23	- 3.06	- 0.89	- 0.16	- 0.97	- 0.02	1.17
中国	**0.83**	- 2.62	- 2.72	**2.65**	- 2.70	- 0.48	- 0.21	**2.17**	**0.38**	1.86
日本	**0.13**	- 1.71	**2.80**	- 1.22	- 0.14	- 0.15	- 0.41	- 0.01	**0.16**	- 0.11
韩国	- 3.53	- 3.5	**1.92**	**5.56**	3.98	- 0.11	- 1.33	**0.85**	0.13	- 0.45
德国	- 0.99	- 1.12	- 2.43	**2.61**	- 0.95	- 0.52	**0.72**	1.55	0.21	1.95
法国	- 0.58	- 1.41	- 2.57	- 4.64	- 8.62	**1.68**	**1.76**	**5.72**	0.05	9.21
英国	**0.65**	- 1.49	- 2.38	- 1.68	- 5.55	- 0.38	- 0.22	**5.66**	**- 0.16**	4.89
美国	**2.56**	- 1.41	**0.46**	**1.52**	**0.57**	- 1.37	- 1.92	- 0.06	0.23	- 3.13
印度	- 3.45	- 2.22	- 0.91	**2.37**	- 0.76	2.77	- 0.61	**1.42**	**0.63**	4.21
巴西	**1.75**	- 2.83	- 0.55	- 0.53	- 3.93	**1.15**	- 0.38	**1.62**	- 0.20	2.18
俄罗斯	**6.72**	- 2.97	**0.06**	- 0.40	- 3.31	- 3.35	- 1.51	**1.50**	- 0.05	- 3.40

注：表中数据是由 2011 年与 2001 年各国制造业产品 GVC 收入部门的贡献率相减得到。

资料来源：根据 WIOD 数据库公布的世界投入产出表计算得到。

第三节　中国在制造业 GVC 中的竞争力分析

一、基于 GVC 收入的 RCA 指数的国际比较

主要国家基于 GVC 收入的 RCA 指数（见表 2 - 4）显示，中国在参与纺织品、皮革与鞋类，电子、电器与光学设备，机械设备的 GVC 分工中具有较

表2-4 主要国家基于GVC收入的RCA指数

国家	食品、饮料与烟草		纺织品、皮革与鞋类		木材、纸制品、印刷品与出版物		化学品与非金属矿产品		基本金属与金属制品		机械设备		电子、电器与光学设备		交通运输设备		其他制造品及回收设备	
	2001年	2011年	2001年	2011年	2001年	2011年	2001年	2011年	2001年	2011年	2001年	2011年	2001年	2011年	2001年	2011年	2001年	2011年
中国	0.98	0.82	2.54	1.97	0.35	0.23	0.73	0.35	0.73	0.77	1.06	1.35	1.24	1.62	0.58	0.89	0.71	0.81
日本	0.95	1.05	0.48	0.49	0.34	0.36	0.57	0.55	1.70	1.38	1.53	1.34	1.42	1.21	1.16	1.32	0.54	0.49
韩国	0.67	0.47	1.45	0.85	0.39	0.45	0.36	0.39	0.43	0.70	1.16	1.20	1.77	1.80	1.40	1.92	0.67	0.59
德国	0.69	0.58	0.51	0.38	1.19	1.18	0.92	1.00	1.32	1.13	1.52	1.47	0.86	0.95	1.46	1.64	0.95	0.95
法国	0.98	0.99	0.75	0.56	0.99	1.20	1.09	1.23	1.19	1.28	0.82	0.89	0.86	0.71	1.30	1.22	0.96	1.09
英国	0.77	0.78	0.73	0.60	1.75	2.13	1.29	1.34	1.39	1.15	0.94	0.93	1.01	0.72	0.97	1.19	1.16	1.28
美国	0.91	0.94	0.54	0.30	1.58	2.09	1.02	1.25	0.46	0.53	0.94	0.90	1.08	1.09	1.20	1.05	1.16	1.15
印度	1.15	1.02	2.86	2.14	0.57	0.57	0.91	0.93	1.43	1.89	0.55	0.75	0.52	0.66	0.65	0.77	1.11	1.25
巴西	1.23	1.19	1.49	1.15	0.71	0.79	1.20	1.23	0.96	0.78	0.76	0.83	0.58	0.57	0.81	0.96	1.13	1.07
俄罗斯	1.26	1.07	0.64	0.42	0.45	0.67	1.97	2.15	1.00	1.15	0.83	0.95	0.41	0.51	0.69	0.70	1.36	0.80

注：阴影表明RCA指数大于1。

资料来源：根据WIOD数据库公布的世界投入产出表计算得到。

强的国际竞争力。其中，在纺织品、皮革与鞋类的 GVC 分工中，中国的竞争力仅次于印度，而主要发达国家的竞争力均很弱；从变化趋势看，中国、印度和巴西等国的 RCA 指数都有所下降，说明竞争力在减弱，主要原因是纺织服装、鞋类产品的市场竞争加剧造成企业利润降低。在机械设备的 GVC 分工中，中国的竞争力仅次于德国，竞争力较强的还有日本和韩国，此外，俄罗斯、英国和美国的 RCA 指数也接近于 1，说明它们也有一定的竞争力。在电子、电器与光学设备的 GVC 分工中，中国的竞争力仅次于韩国，同样超过具有竞争力的还有日本和美国。此外，德国的 RCA 指数也接近于 1，说明有一定竞争力，但其他新兴经济体竞争力则较弱。从发展趋势看，中国在机械设备和电子、电器与光学设备的 GVC 分工中，竞争力不断增强。

在基本金属与金属制品、交通运输设备、其他制造品及回收设备的 GVC 分工中，中国不具有竞争力，但 RCA 指数有所提升，特别是在交通运输设备的 GVC 分工中竞争力提升较大。在基本金属与金属制品的 GVC 分工中，日本、德国、法国、英国、印度和俄罗斯竞争力较强，其中，印度的 RCA 指数达到 1.89，居第一位；在交通运输设备的 GVC 分工中，韩、日、德、英、法、美均具有较强的竞争力，其中，韩国竞争力最强，德国其次，巴西的 RCA 指数也接近于 1，有一定竞争力，中国的竞争力略强于印度和俄罗斯。在其他制造品及回收设备的 GVC 分工中，美欧、印度和巴西具有较强的竞争优势。

在食品、饮料与烟草，木材、纸制品、印刷与出版物，化学品与非金属矿产品的 GVC 分工中，中国的竞争力较弱且有下降的趋势。其中，在食品、饮料与烟草的 GVC 分工中，日本、印度、巴西和俄罗斯具有较强的竞争力，主要原因是印度、巴西与俄罗斯具有丰富的资源性产品，而且批发零售等服务业部门投入较大，而日本的竞争力则源于其发达的食品制造业和食品流通业。此外，法国和美国也有一定竞争力。中国虽然在资源密集型产品方面投入较大，但服务业投入在食品、饮料与烟草 GVC 收入中占比很低，仅有 19.96%，而德国为 49.9%、法国为 54.84%、英国为 44.77%，印度、巴西和俄罗斯均在 35% 以上，这说明中国生产性服务业对传统低技术制造业的支持力度非常弱。

在木材、纸制品、印刷与出版物与化学品与非金属矿产品的 GVC 分工中，中国的竞争劣势最为明显。其中，在木材、纸制品、印刷与出版物的 GVC 分工中，美欧发达国家具有较强的竞争力，如英国、美国的 RCA 指数都达到了 2.0 以上，这反映了它们在出版物等文化产品方面的优势地位。而中国印刷出版业的发展水平还很低，印刷与出版业对中国木材、纸制品、印刷与出版物 GVC 收入的贡献率不到 20%（发达国家为 40%～50%）。在化学品与非金属矿产品的 GVC 分工中，美欧等发达国家和巴西、俄罗斯竞争力较强，美欧的优势在于其较强的研发能力，巴西和俄罗斯的优势在于其丰富的资源性产品。

由上述分析可见，中国与日本、韩国有两个优势部门是重合的，分别是电子、电器与光学设备与机械设备；中国与美国、德国分别有一个优势部门重合，中国、美国是在电子、电器与光学设备方面，中国、德国是在机械设备方面；中国与印度、巴西重合的优势部门是纺织品、皮革与鞋类，而中国与英国、法国、俄罗斯在制造业 GVC 分工中基本没有重合的优势部门。

二、基于 GVC 收入的 RCA 指数和基于出口额的 RCA 指数的比较

由图 2－3 和图 2－4 可以看出，基于 GVC 收入的 RCA 指数和基于出口额的 RCA 指数有较大差异，例如，基于出口额的 RCA 指数显示中国在机械设备方面没有比较优势，而基于 GVC 收入的 RCA 指数则显示中国有较强的比较优势。在纺织品、皮革与鞋类，电子、电器与光学设备，木材、纸制品、印刷与出版物，化学品与非金属矿产品，其他制造品及回收设备方面，基于出口额的 RCA 指数大于基于 GVC 收入的 RCA 指数，说明基于出口额的 RCA 指数高估了中国的竞争力。在食品、饮料与烟草，基本金属与金属制品，交通运输设备方面，基于出口额的 RCA 指数小于基于 GVC 收入的 RCA 指数，说明基于出口额的 RCA 指数低估了中国的竞争力。可见，随着 GVC 分工的深化，基于出口额的 RCA 指数很难准确地反映中国的竞争力。

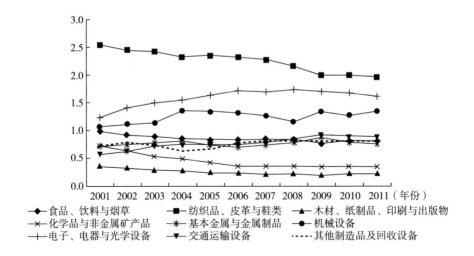

图 2 - 3　2001 ~ 2011 年中国基于 GVC 收入的 RCA 指数

资料来源：根据 WIOD 数据库公布的世界投入产出表计算得到。

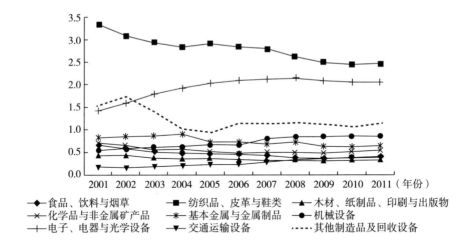

图 2 - 4　2001 ~ 2011 年中国基于出口额的 RCA 指数

注：基于出口额的 RCA 指数计算公式为 $RCA_k = (X_{ik}/X_i)/(W_k/W)$，其中，$X_{ik}$ 和 X_i 分别表示 i 国 k 类制造业产品和所有制造业产品的出口额，W_k 和 W 分别表示世界 k 类制造业产品和所有制造业产品的出口额。

资料来源：根据 WIOD 数据库公布的世界投入产出表计算得到。

第四节　中国在制造业 GVC 中竞争力
影响因素的实证研究

如何解释中国在制造业 GVC 中竞争力的变动？中国在制造业 GVC 中的竞争力受哪些因素的影响？本部分将对此进行实证研究。

一、模型构建及数据说明

波特的国家竞争优势理论认为，一国某产业竞争力由要素条件，需求条件，相关支持产业，企业战略、结构和竞争，政府行为，机遇六大因素决定。基于该理论及相关文献研究成果，本书选取以下指标构建实证模型。

1. 人力资源禀赋

人力资源禀赋的高低直接影响着技术进步的程度，人力资源丰富的国家技术吸收快，有能力生产技术含量高的产品，国际竞争力也就较高。本书选择中、高素质 GVC 就业人数占 GVC 就业之比（LABORMH）作为衡量指标。GVC 就业是一国直接或间接参与制造业最终产品生产的劳动力数量。我们分别定义 $p_i^{lh}(s)$、$p_i^{lm}(s)$ 与 $p_i^{ll}(s)$ 为 i 国 s 部门单位总产出的高、中、低劳动力人数，用 $p_i^{lh}(s)$、$p_i^{lm}(s)$ 与 $p_i^{ll}(s)$ 替代前文式（2-3）中的 $p_i(s)$，就可以得到一国 GVC 就业中高、中、低素质的劳动力数量。高、中、低素质劳动力是根据国际教育分级标准（ISCED）定义的，其中，低素质劳动力（ISCED0，1，2）指初中以下文化的劳动者，中等素质劳动力（ISCED3，4）指初中及以上（包括技校）、大学以下文化的劳动者，高素质劳动力（ISCED5，6）指大学及以上文化的劳动者，数据来源于 WIOD 数据库。

2. 技术创新

创新活动的进行需要大量的研发投入，研发投入是产品技术含量提升的直接动力，研发投入的增加有利于生产结构的转型升级，有利于提高产品的国际竞争力。本书选择制造业各部门研发投入（R&D）作为衡量指标，数据来源于《中国科技统计年鉴》。

3. 服务业发展

一国在制造业 GVC 中的竞争力直接受到该国服务业发展水平的影响，生产者服务可以持续地创造价值，提升获利能力，进而提高竞争力。本书用各制造业产品 GVC 收入中服务业部门的贡献率（SERVICE）作为衡量指标。

4. 外商直接投资

由于中国世界工厂的地位，很多大型跨国公司纷纷将其生产转移到中国，以利用中国廉价的劳动力优势。因此，中国制造业产品 GVC 收入大幅增加很大程度上是跨国公司内部的生产转移而已。外商直接投资可以带来技术溢出效应，是提升产品品质从而改善竞争力的重要原因之一。本书选择制造业各部门外商投资企业总产值与该部门总产值之比（FDI）作为衡量指标，数据来源于《中国统计年鉴》。

5. 国外需求

需求条件一般是指对于产品的需求程度，主要与市场相关，包括国内市场和国际市场，产品出口越多，获取的收益越大，竞争力就越强。本书用中国制造业各部门出口额占该部门总产值之比做衡量指标（EX），数据来源于 WIOD 数据库。

由于面板数据具有可以对不同个体进行控制、避免有偏估计、能更好地识别和测量一些效应等优势，本书采用面板数据模型。考虑到行业之间存在着一定的差异性，本书用固定效应面板数据模型来控制行业差异。具体的计量回归模型如下：

$$\ln RCA_{it} = \beta_1 \ln LABORMH_{it} + \beta_2 \ln R\&D_{it} + \beta_3 \ln SERVICE_{it} + \beta_4 \ln FDI_{it} + \beta_5 \ln EX_{it} +$$

$$\alpha_i + U_{it} \tag{2-5}$$

其中，i 表示制造业各部门，t 表示年份。RCA 表示基于 GVC 收入的 RCA 指数，LABORMH、R&D、SERVICE、FDI、EX 分别对应于人力资源禀赋、技术创新、服务业发展、外商直接投资、国外需求五个影响因素，回归方程中还加入了行业固定效应 α_i。

二、实证结果分析

本书利用 2001～2011 年中国 9 个制造业部门的面板数据进行回归，模型估计结果如表 2－5 所示。由表 2－5 可见，采用 Hausman 检验，其 p 值小于显著性水平 0.05，即拒绝原假设，说明选择固定效应模型是合理的。在模型中，*EX*、*FDI*、*LABORMH* 通过了显著性检验，而且系数为正。*R&D* 与 *SERVICE* 的系数虽为正，但没有通过显著性检验。

表 2－5　实证结果

变量	个体固定效应
常数项	－ 7.282971（－ 3.048595）*
EX	0.246711（2.848291）*
FDI	0.159479（1.703493）***
R&D	0.010768（0.394036）
SERVICE	0.163418（0.520644）
LABORMH	1.467761（2.722630）*
F 检验	194.1670*
Hausman 检验	17.806803*
R²	0.967423

注：计量软件为 Eviews 6.0，括号内均为 t 值，其中 *、*** 分别代表 1%、10% 的显著性水平。

（1）人力资源禀赋对中国在制造业 GVC 中的竞争力具有显著影响，而且系数最大，中、高素质 GVC 就业人数占 GVC 就业之比每提高 1 个百分点，RCA 指数提升 1.47 个百分点，说明目前中国在制造业 GVC 中竞争力提升的主要驱动力是人力资源禀赋，不仅包括高素质劳动力，还包括中等素质劳动力（如职业技术学校毕业生）。

（2）出口增长和外商直接投资显著提升了中国在制造业 GVC 中的竞争力。出口占行业总产值比重每提高 1 个百分点，RCA 指数提升 0.25 个百分点；外商投资企业总产值与部门总产值之比每提高 1 个百分点，RCA 指数提升 0.16 个百分点。

（3）研发投入和服务业发展对中国在制造业 GVC 中竞争力的影响不显著，

但系数为正。这说明研发投入和服务业发展对提升中国在制造业 GVC 中竞争力的作用尚不明显。原因是，中国产品的研发含量还相对较少，中国企业不重视创新投入，参与技术创新成果转化的动力也不足，如中国的科技成果转化率仅为 10%，远低于发达国家 40% 的水平；中国服务业投入占制造业产品增加值的比重还比较低，对中国在制造业 GVC 分工中竞争力的促进作用还没有发挥出来。

第五节　研究结论

通过对制造业产品 GVC 收入的分布特征及中国在制造业 GVC 中竞争力的分析，可以得出以下结论：

第一，中国在参与制造业 GVC 分工中获得的增加值收入增长迅猛，居世界第一位。这不仅反映了中国 GDP 增长较快，也反映了 21 世纪以来发达国家通过对外投资和外包等方式不断把不具备竞争力的环节转移到中国，将中国变为"世界工厂"的现实。

第二，与主要国家相比，知识密集型制造业、劳动密集型服务业以及高端服务业部门对中国制造业产品 GVC 收入的贡献较小，尤其是在传统低技术产品方面，中国的服务业投入与发达国家相比差距更大，这说明中国仍然位于制造业全球价值链的低端增值环节。从发展趋势看，中国在制造业 GVC 分工中的地位有一定程度的提升。

第三，中国在纺织品、皮革与鞋类，电子、电器与光学设备，机械设备的 GVC 分工中具有比较优势，在交通运输设备的 GVC 分工中竞争优势不断增强，而在食品、饮料与烟草，木材、纸制品、印刷与出版物，化学品与非金属矿产品的 GVC 分工中竞争劣势越来越明显。

第四，人力资源禀赋、出口增长和外商直接投资是促进中国在制造业 GVC 中竞争力提升的重要驱动因素，研发投入与服务业发展对中国在制造业 GVC 中竞争力提升的作用还不明显。

第三章　制造业全球价值链上
中国收入与就业的解构
分析与国际比较

由各国各部门参与构建的产品全球价值链分工模式对各国的增加值收入和就业产生了重大的影响。制造业全球价值链上中国的收入结构和就业结构有什么特征和变化趋势？对这一问题的研究有助于准确分析中国在制造业产品全球价值链中的要素禀赋结构，也有助于判断中国在国际分工中的地位和收益，从而可以更为合理地制定新形势下中国产业升级的发展战略。

目前对全球价值链的研究多数集中在对出口产品附加值的测算上，如Hummels 等（2001）首次测算了一个国家贸易所体现的国际生产链中国外增加值情况，并提出采用 VS 指标来测算垂直分工。Koopman 等（2010）、张海燕（2013）、廖泽芳和宁凌（2013）、王岚（2014）等分别测算了中国出口品中包含的国内和国外增加值。少数研究涉及了对出口产品附加值和制造业行业增加值构成的分析。如马风涛和李俊（2014）对中国制造业产品的全球价值链从部门和区域分布方面进行了解构，发现日、美、韩、德、中国台湾对中国制造业部门贡献的增加值较高，国内服务业部门对制造业产品增加值的贡献较大，但该研究没有从生产要素方面对中国制造业产品增加值进行解构。Gasiorek 和 Lopez－Gonzalez（2013）对中欧贸易的研究表明，中国对欧出口中国内附加值的60%以上由资本和低技术劳动创造，但是其只是分析了中欧双边贸易。Timmer 等（2013a）测算了40 个国家制造业行业增加值中资本、低技术、中技术和高技术劳动要素的比重，发现在新兴经济体和高收入国家中，资本占附加值的比重上升；在新兴经济体中，低技术劳动占附加值的比重下降；不过该研究没有侧重于中国。

可见，国内外还较少有学者对制造业产品全球价值链上中国的增加值收入与就业进行解构分析和国际比较。本章将中国置于全球价值链这一大背景下，基于世界投入产出表，借鉴 Timmer（2013b）提出的 GVC 收入（全球价值链收入，推算方法见第二章）和 GVC 就业（全球价值链就业）的概念及解构方法，对中国和主要国家制造业产品 GVC 收入从资本和劳动力收入，高、中、低技能劳动力收入方面进行分解，对 GVC 就业从部门分布和技能结构方面进行分解，通过国际比较探究制造业全球价值链上中国增加值收入与就业的结构性特征及变化趋势。

第一节　研究方法与数据来源

一、GVC 收入中生产要素收入的计算方法

我们将 $p^{l_i}(s)$ 定义为单位产品的劳动力投入，即 i 国 s 部门的劳动力报酬除以 i 国 s 部门的总产出，用 $p^{l_i}(s)$ 替代公式（2-3）中的 $p_i(s)$，就可以得到一国直接或间接参与制造业最终产品生产的劳动力收入。劳动力收入包括工资和工资以外的福利。资本收入是由总增加值减去劳动力收入得到，它代表广义资本，包括实物资本、土地、无形资本（专利、商标、R&D、软件）和金融资本。这样，最终产品价值可以分解为价值链上任何生产环节所有劳动力和资本的增加值。

二、GVC 就业部门结构的计算方法

Timmer（2013b）将 GVC 就业定义为，一国直接或间接参与制造业最终产品生产的劳动力。为计算 GVC 就业部门结构，需要先计算出 i 国 s 部门直接或间接参与制造业最终产品生产的劳动力数量。我们定义 $p^{l_i}(s)$ 为 i 国 s 部门单位总产出的劳动力人数，用 $p^{l_i}(s)$ 替代公式（2-3）中的 $p_i(s)$，就可以

得到 i 国 s 部门直接或间接参与制造业最终产品生产的劳动力数量。

三、GVC 就业技能结构的计算方法

为计算各国 GVC 就业的技能结构，我们首先计算出 i 国 s 部门直接或间接参与制造业最终产品生产的高、中、低技能劳动力数量。将 $p^{lh_i}(s)$、$p^{lm_i}(s)$ 与 $p^{ll_i}(s)$ 分别定义为 i 国 s 部门单位总产出所需的高、中、低技能劳动力人数，用 $p^{lh_i}(s)$、$p^{lm_i}(s)$ 与 $p^{ll_i}(s)$ 替代公式（2 - 3）中的 $p_i(s)$，就可以得到 i 国 s 部门直接或间接参与制造业最终产品生产的高、中、低技能劳动力数量[①]。其中，高技能劳动力包括大学及以上受教育程度的劳动力，中技能劳动力是初中及以上（包括技校）、大学以下的劳动力，低技能劳动力是指初中以下文化的劳动力。

四、数据来源

本章的主要数据来源于由欧盟委员会资助、多个机构合作研究开发的 WIOD 数据库于 2013 年发布的数据。

第二节　主要国家制造业产品 GVC 收入和 GVC 就业的解构分析

一、制造业产品 GVC 收入的解构分析

1. 资本和劳动力的收入份额

由表 3 - 1 可以看到，发达国家制造业产品 GVC 收入中劳动力的份额较大，其中，欧盟国家均在 70% 以上，而且有所提高，美国和日本稍低，为

---

① Timmer Marcel P, Bart Los, Robert Stehrer and Gaaitzen J de Vries. Fragmentation, Incomes and Jobs. An Analysis of European Competitiveness [R]. GGDC Research Memorandum 2013（GD - 130）. Groningen: Groningen Growth and Development Centre, University of Groningen, 2013.

55%左右，有所下降。新兴经济体中，巴西、俄罗斯和印度劳动力的收入份额在 50%左右，其中，巴西较高且有较大提升。中国劳动力在制造业产品 GVC 收入中的份额不仅大大低于发达国家，也低于其他新兴经济体，2009 年仅为 39.74%，而且有所下降；而中国资本的收入份额在所有国家中最高，且有所提升。从具体产品看（见表 3-2），中国技术密集型产品 GVC 收入中劳动力占比相对其他国家更低，并且下降幅度较大，如 2009 年机械设备 GVC 收入和电子、电器与光学设备 GVC 收入中，劳动力占比分别为 34.09%和 32.97%，较 2001 年分别下降了 9.81%和 7.6%。可见，中国在技术密集型产品 GVC 收入的分配上，资本与劳动力的失衡问题显得更为严重。

表 3-1 世界主要国家制造业产品 GVC 收入中各生产要素所占份额

单位:%

国家	2001 年					2009 年				
	高技能劳动力	中技能劳动力	低技能劳动力	全部劳动力	资本	高技能劳动力	中技能劳动力	低技能劳动力	全部劳动力	资本
世界	16.03	28.00	13.31	57.34	42.66	15.88	24.38	13.20	53.46	46.54
中国	2.10	18.03	24.57	44.71	55.29	3.40	13.89	22.46	39.74	60.26
日本	17.18	35.58	6.21	58.97	41.03	17.27	32.70	4.58	54.55	45.45
德国	22.42	41.10	8.50	72.02	27.98	28.58	39.57	6.49	74.64	25.36
法国	23.43	28.11	16.58	68.12	31.88	31.56	30.28	13.64	75.49	24.51
英国	23.51	28.19	15.66	67.35	32.65	28.77	31.24	12.26	72.27	27.73
美国	24.41	32.96	4.24	61.61	38.39	24.84	27.17	2.97	54.99	45.01
印度	10.21	19.94	19.48	49.64	50.36	11.93	17.95	17.42	47.30	52.7
巴西	13.38	16.44	17.95	47.78	52.22	17.72	24.49	16.51	58.72	41.28
俄罗斯	9.10	42.32	3.48	54.90	45.10	10.81	40.82	2.51	54.13	45.87

资料来源：根据 WIOD 数据库公布的世界投入产出表计算得到。

表 3-2 世界主要国家具体产品 GVC 收入中劳动力的份额 单位:%

国家	食品、饮料与烟草		纺织品、皮革与鞋类		机械设备		电子、电器与光学设备		交通运输设备	
	2001 年	2009 年	2001 年	2009 年	2001 年	2009 年	2001 年	2009 年	2001 年	2009 年
中国	47.83	52.87	48.55	46.13	43.90	34.09	40.57	32.97	41.70	35.33
日本	47.89	52.32	77.27	71.06	66.46	58.76	65.78	59.14	60.17	56.72
德国	70.02	76.01	71.90	73.88	74.80	75.69	75.23	77.75	74.00	77.46

续表

国家	食品、饮料与烟草		纺织品、皮革与鞋类		机械设备		电子、电器与光学设备		交通运输设备	
	2001 年	2009 年	2001 年	2009 年	2001 年	2009 年	2001 年	2009 年	2001 年	2009 年
法国	61.96	70.50	67.63	71.56	69.96	76.08	69.67	83.17	65.02	72.67
英国	64.45	69.58	72.44	76.31	72.26	75.99	70.95	77.63	72.32	79.84
美国	54.59	53.05	66.99	62.11	65.30	53.30	69.48	66.86	65.83	58.56
印度	50.59	51.07	54.83	59.39	52.58	44.40	49.17	42.18	43.58	38.23
巴西	43.48	56.30	53.49	62.75	52.71	65.69	51.33	61.04	57.40	66.26
俄罗斯	51.05	55.25	59.74	57.83	61.19	57.55	58.35	56.51	55.20	52.91

资料来源：根据 WIOD 数据库公布的世界投入产出表计算得到。

中国制造业产品 GVC 收入中资本与劳动力分配的失衡，需要在全球价值链分工体系中加以把握。由于价值链租金的分配主要受价值链驱动地位的影响，处于支配地位的"链主"企业通过风险转移、买方零库存和压迫性价格等手段，获得整个产业链租金的绝大部分；而处于价值链"微笑曲线"底端的被控制企业，在整个产业链的租金分配中所获有限。因此，虽然中国通过利用和吸收低级生产要素加入全球价值链，但国家竞争优势失位所带来的收入创造能力低下，使国内生产要素所能分享的总回报偏低，同时地区间的招商引资竞争又进一步强化了跨国资本的强势收入分配地位，这一系列因素结合在一起必然使资本要素的回报率显著高于劳动力要素①。当然，除了利润侵蚀工资之外，财富向政府转移②、国有企业改革、市场垄断程度提高所引发的劳动力市场环境改变③以及资本对劳动力的替代等也是压低劳动力在 GVC 收入中分配地位的原因。而 GVC 收入从发达国家到新兴经济体的区位转移和中国资本收入份额的增加，正与跨国公司为寻求高额利润而布局其资本的全球性战略相吻合，也就是说它们通过对外投资和外包扩大生产规模、提高无形资产收益，并从中获益。

---

① 付文林，张婉. 价值链嵌入模式与国民收入分配结构失衡 [J]，上海经济研究，2013（10）：49 - 56.

② 郑志国. 中国企业利润侵蚀工资问题研究 [J]，中国工业经济，2008（1）：5 - 13.

③ 白重恩，钱震杰. 国民收入的要素分配：统计数据背后的故事 [J]. 经济研究，2009（3）：27 - 41.

2. 高中低技能劳动力的收入份额

从不同技能劳动力的收入分配看（见表 3 - 1），中国低技能劳动力在制造业产品 GVC 收入中的份额很高，为 22.46%，大大高于世界平均水平 13.2%，而中高技能劳动力的收入份额较低，分别为 13.89% 和 3.40%，远远低于世界平均水平（24.38% 和 15.88%），说明中国劳动力收入更多是由低技术劳动贡献，中国仍处于全球生产价值链的底端，主要从事低附加值环节的生产。俄罗斯、巴西和印度制造业产品 GVC 收入中，中技能劳动力的收入份额较大，而低技能和高技能劳动力的收入份额稍低，如巴西高、中、低技能劳动力的收入份额分别为 17.72%、24.49%、16.51%，说明其劳动力收入更多是由中技术劳动贡献，因而处于全球价值链的中端或中低端。主要发达国家则是中高技能劳动力的收入份额较高，而低技能劳动力的收入份额较低，如德国高、中、低技能劳动力的收入份额分别为 28.58%、39.57%、6.49%，说明其劳动力收入更多是由中高技能劳动贡献，因而处于全球价值链的高端。

从发展趋势看，2001～2009 年各国高技能劳动力的收入份额均有所提高，而低技能劳动力的收入份额均有所下降，特别是德、英、法的高技能劳动力收入份额提高幅度较大。新兴经济体中，巴西高技能劳动力的收入份额提高较大，而中国高技能劳动力的收入份额提升较少，只有 1.3%。中技能劳动力收入份额的变化各国表现不一，中国下降较大，为 4.14%，而巴西提高最大，为 8.05%。因此，中国中高技能劳动力的收入份额从 2001 年的 20.13% 下降为 2009 年的 17.29%，可见，在制造业全球价值链上中国中高技能劳动力的分配地位进一步下降。

二、制造业产品 GVC 就业的解构分析

1. GVC 就业的部门结构

由表 3 - 3 可以看到，新兴经济体制造业产品 GVC 就业占总就业的比重普遍高于发达国家，其中，中国 2009 年达到 32.06%，在所有国家中最高，增长幅度也最大，说明中国在制造业全球价值链中劳动力的参与度最高。发达国家制造业产品 GVC 就业在总就业中所占的比重较低且呈下降趋势，其中，德国所占的比重较高，为 24.67%，而美英所占的比重较低，只有 10% 左右。从制造业 GVC 就业的部门分布看，新兴经济体的初级产品部门占比较高，其中，中国和印度分别为 47.11% 和 45.30%；而服务业部门的占比较低，其中，中国仅为 18.16%，在所有国家中最低，而巴西和俄罗斯相对较高，在 30% 以上。欧美国家制造业产品 GVC 就业中，制造业和服务业部门的占比较高，在 90% 以上，其中，服务业部门的占比多在 40% 以上。可见，在制造业 GVC 分工中，中国服务业的投入比例和就业比例相对发达国家和其他新兴经济体都还较低，这直接影响了中国在制造业 GVC 中的分工地位和收益分配。

表 3 – 3　世界主要国家制造业 GVC 就业的部门分布　　　　单位:%

国家	制造业 GVC 就业占总就业比重		2009 年制造业 GVC 就业的部门分布			2001 ~ 2009 年制造业 GVC 就业人数变化			
	2001 年	2009 年	初级产品部门	制造业部门	服务业部门	初级产品部门	制造业部门	服务业部门	总和
中国	26.81	32.06	47.11	34.73	18.16	18.78	37.50	35.72	27.71
日本	20.36	17.26	14.12	51.37	34.51	− 9.47	− 31.43	− 15.63	− 23.91
德国	27.36	24.67	3.86	53.23	42.92	− 23.99	− 11.52	− 0.29	− 7.64
法国	22.12	19.13	6.91	44.39	48.69	− 13.43	− 16.93	− 3.73	− 10.72
英国	17.12	11.96	3.77	48.66	47.57	− 18.85	− 33.97	− 20.71	− 27.71
美国	13.97	10.42	8.35	52.18	39.47	− 8.87	− 31.58	− 21.21	− 26.21
印度	25.58	27.36	45.30	33.58	21.12	8.36	14.52	35.01	15.24
巴西	28.18	27.27	32.11	34.54	33.35	0.92	30.88	24.24	17.58
俄罗斯	26.03	20.07	30.82	35.62	33.56	− 23.89	− 28.59	− 10.87	− 21.89

资料来源：根据 WIOD 数据库公布的世界投入产出表计算得到。

从发展趋势看，2001 ~ 2009 年，中国、印度与巴西制造业产品 GVC 就业人数都有所增加，中国的增幅最大，为 27.71%，其中，制造业和服务业部门的就业人数都有较大增加，增幅分别为 37.50% 和 35.72%。而其他国家制造业 GVC 就业人数均有所下降，降幅较大的为美国、英国、日本和俄罗斯，为 20% ~ 30%，其中，制造业部门的就业人数下降幅度较大，而美国和英国服务业部门的 GVC 就业人数也有较大下降。由此可见，中国参与制造业 GVC 分工对其制造业和服务业就业有较大的促进作用，而发达国家参与制造业 GVC 分工对其就业可能有一定的负面影响。从具体制造业产品看（见表3-4），在纺织品、皮革与鞋类等劳动密集型产品的 GVC 就业中，中国服务业部门的就业人数负增长或增长较小，占比与发达国家差距较大，而在电子、机械等技术密集型产品的 GVC 就业中，中国服务业部门的就业人数增长幅度较大，占比与发达国家差距相对较小。这说明中国要特别重视加大在劳动密集型制造业方面的服务业投入，这不仅将带动服务业就业，还将促进劳动密集型产业国际分工地位的提升。

表3-4 中国、德国、美国具体产品 GVC 就业的部门分布与变化情况

单位:%

产品	国家	2009 年 GVC 就业的部门分布			2001~2009 年 GVC 就业的变化情况			
		初级产品	制造业	服务业	初级产品	制造业	服务业	总体
食品、饮料与烟草	中国	77.54	14.13	8.33	9.62	6.13	6.48	8.85
	德国	14.97	45.02	40.01	−25.22	−3.47	2.98	−5.22
	美国	22.50	38.97	38.53	−10.63	−9.72	0.82	−6.16
纺织品、皮革与鞋类	中国	47.48	41.97	10.55	17.20	30.29	−9.67	18.48
	德国	1.47	55.47	43.06	−34.91	−30.52	−24.56	−28.15
	美国	4.85	61.32	33.83	−17.60	−63.81	−56.49	−60.49
机械设备	中国	18.55	49.23	32.22	99.95	84.19	84.03	86.87
	德国	0.30	63.34	36.35	−19.24	−0.16	10.23	3.31
	美国	0.70	65.07	34.23	−8.27	−29.56	−26.84	−28.53
电子、电器与光学设备	中国	20.31	46.57	33.13	107.37	89.09	90.57	93.04
	德国	0.36	59.87	39.77	−35.49	−12.01	−13.85	−12.87
	美国	0.65	63.27	36.08	−26.03	−39.51	−49.49	−43.47

资料来源：根据 WIOD 数据库公布的世界投入产出表计算得到。

2. GVC 就业的技能结构

由表3-5可以看到，发达国家制造业产品 GVC 就业中，中高技能劳动力

占比较大，欧盟国家在 80% 左右，美、日接近 90%，其中，高技能劳动力占比均在 20% 以上，而且比重有较大提高，这说明发达国家越来越专业化于从事高技能劳动力完成的环节，而低技能劳动力环节被外包给发展中国家。中国制造业产品 GVC 就业中，低技能劳动力所占的比重在所有国家中最高，2009 年为 69.71%，而高技能劳动力所占的比重在所有国家中最低，2009 年仅为 3.81%。在传统劳动密集型产品的 GVC 就业方面，这种特征表现得更加明显（见表 3 - 6），如中国纺织品、皮革与鞋类 GVC 就业中，低、中、高技能劳动力的占比分别为 76.11%、21.73%、2.15%，而美国为 17.31%、60.04% 和 22.65%。这说明中国亟须增加中高技能劳动力在制造业产品 GVC 就业中的比重。从发展趋势看，多数国家有使用更多高技能劳动力的趋势。中国制造业产品 GVC 就业中，低、中、高技能劳动力人数都有所增加，其中，高技能劳动力增长幅度最大，2001 ～ 2009 年增长率为 125.95%，技术密集型产品 GVC 就业中，高技能劳动力增长更为迅猛。这和中国的基数较低有关，同时也说明中国参与 GVC 分工的过程中，劳动力的技能结构有一定改善。

表 3 - 5　世界主要国家制造业 GVC 就业的技能结构　　单位:%

	2001 年			2009 年			2001 ～ 2009 年增长率		
	低技能	中技能	高技能	低技能	中技能	高技能	低技能	中技能	高技能
中国	71.43	26.41	2.15	69.71	26.48	3.81	24.64	28.03	125.95
日本	12.61	66.28	21.11	10.51	66.53	22.97	-36.58	-23.63	-17.21
德国	18.03	61.55	20.42	15.11	60.49	24.40	-22.58	-9.24	10.37
法国	30.69	46.12	23.19	23.19	45.53	31.28	-32.53	-11.87	20.41
英国	30.61	45.89	23.50	23.45	48.10	28.45	-44.60	-24.23	-12.50
美国	12.16	62.85	24.99	10.49	60.49	29.02	-36.34	-28.98	-14.29
印度	64.57	30.16	5.26	61.54	31.72	6.74	9.84	21.18	47.52
巴西	69.38	24.77	5.84	54.43	37.01	8.55	-7.76	75.67	72.09
俄罗斯	11.19	81.80	7.01	8.39	83.77	7.84	-41.43	-20.01	-12.70

资料来源：根据 WIOD 数据库公布的世界投入产出表计算得到。

表 3 - 6　中国、德国、美国具体产品 GVC 就业的技能结构　　　单位：%

产品	国家	2009 年 GVC 就业的技能结构			2001 ~ 2009 年 GVC 就业的增长率		
		低技能	中技能	高技能	低技能	中技能	高技能
食品、饮料与烟草	中国	83.48	14.85	1.67	8.66	5.77	66.27
	德国	15.24	60.52	24.24	- 19.94	- 6.76	12.37
	美国	13.79	62.60	23.62	- 14.53	- 6.59	0.84
纺织品、皮革与鞋类	中国	76.11	21.73	2.15	20.97	7.74	64.10
	德国	15.25	61.14	23.61	- 39.40	- 29.64	- 12.90
	美国	17.31	60.04	22.65	- 66.74	- 60.33	- 54.43
机械设备	中国	52.44	40.71	6.84	92.58	69.76	197.80
	德国	15.19	60.39	24.42	- 13.91	1.47	24.33
	美国	8.64	64.30	27.07	- 39.23	- 31.49	- 15.06
电子、电器与光学设备	中国	52.34	40.40	7.26	97.83	75.44	213.08
	德国	15.08	60.18	24.74	- 27.15	- 14.31	3.80
	美国	7.36	54.16	38.48	- 53.84	- 49.32	- 28.87

资料来源：根据 WIOD 数据库公布的世界投入产出表计算得到。

第三节　研究结论

通过以上分析，可以得出以下结论：

第一，虽然中国在制造业全球价值链中的增加值收入大幅提高，但是中国资本与劳动力的收入分配失衡日趋严重，劳动力的收入份额不仅大大低于发达国家，也低于主要新兴经济体，在技术密集型产品 GVC 收入的分配上，资本与劳动力的失衡问题显得更为严重。中国劳动力收入更多是由低技能劳动力贡献，低技能劳动力的收入份额大大高于世界平均水平，而中高技能劳动力的收入份额远远低于世界平均水平且进一步下降。可见，价值链地位会直接影响价值链租金的分配，跨国资本占据强势收入分配地位，而中国仍处于价值链"微笑曲线"的底端，其 GVC 收入的大部分通过跨国公司的股权资本最终成为发达国家的收入。

第二，中国在制造业全球价值链中劳动力的参与度最高，但大部分是在初级产品部门，服务业部门的就业比重相对发达国家和主要新兴经济体都还较低，这在传统劳动密集型产品的价值链中表现得更加明显；中国制造业产品GVC就业的技能结构劣于发达国家和主要新兴经济体，不过，高技能劳动力的数量有较大增长。因此，必须重视对教育的投资，通过增加劳动力技能培训来增加高技能劳动力的数量①；同时，要提高制造业特别是劳动密集型制造业中服务的投入比重，带动服务业就业，提升中国的国际分工地位。

第三，参与制造业GVC分工对于中国创造更多的制造业和服务业就业机会，改善劳动力技能结构、增加对高技能劳动力的需求，存在一定的促进作用。因此，进一步深度融入全球价值链将有助于生产从低技能非熟练劳动力密集型向高技能熟练劳动力密集型结构转变，有助于产业结构的升级。

---

① 李强. 企业嵌入全球价值链的就业效应研究：中国的经验分析 [J]. 中南财经政法大学学报，2014（1）：28－35.

第四章 中国在制造业产品全球价值链上的分工地位研究

——基于价值链高度指数的分析

在跨区域或跨国性的生产链条或体系中，不同国家和地区参与特定产品生产过程的不同环节或者区段的生产或供应活动，处于价值链中的国家都能够得到国际分工带来的利益，但是，整条价值链的利益分配是不均匀的，发达国家掌握并控制着具有高附加值的价值链两端，即产品研发设计和销售网络，发展中国家则被挤压在产品的加工制造环节，获得的只是一些微薄的加工费。由于价值链的利益分配是由各国的分工地位决定的，因此，判断各国在全球价值链中的分工地位一直是国内外学者十分关注的问题。

从第一章中我们看到，现有文献从不同角度、采用不同方法，对中国制造业的国际分工地位进行了研究。但是，仍然存在一定程度的缺憾，采用不同方法得出的结论差异也较大；另外，国际分工地位升级主要体现在产品附加值中知识和技术密集型产业的占比越来越大，但目前还没有学者从这一角度对各国所处的价值链位置加以量化，也鲜有学者从制造业产品全球价值链中增加值分布的角度研究中国的分工地位。本章借鉴 Timmer 等（2013）提出的 GVC 收入的概念及其对制造业产品全球价值链的解构方法（推算方法见第二章），测算各国制造业产品 GVC 收入中知识密集型制造业和知识密集型服务业的贡献率，并基于此构建并计算各国的价值链高度指数（GH），以期刻画中国在制造业产品全球价值链中的分工地位和移动轨迹，为中国制造业转型升级提供借鉴与启示。

第一节　价值链高度指数的测算方法

由于价值链地位升级主要体现在产品附加值中知识和技术密集型产业的占比越来越大，为此本章构建了价值链高度指数[①]，即制造业产品全球价值链上一国国内增加值中知识密集型制造业和知识密集型服务业[②]的贡献率，与世界制造业产品增加值中知识密集型制造业和知识密集型服务业的贡献率的比率。具体公式为

$$GH_{is} = \frac{(KMNV_i^s + KSNV_i^s)/NV_s^i}{(KMV_w^s + KSV_w^s)/V_w^s} \qquad (4-1)$$

其中，$KMNV_i^s$ 为 i 国 s 产品 GVC 收入中知识密集型制造业部门的增加值，$KSNV_i^s$ 为 i 国 s 产品 GVC 收入中知识密集型服务业部门的增加值，NV_s^i 为 i 国 s 产品 GVC 收入；KMV_w^s 为世界 s 产品 GVC 收入中知识密集型制造业部门的增加值，KSV_w^s 为世界 s 产品 GVC 收入中知识密集型服务业部门的增加值，V_w^s 为世界 s 产品 GVC 收入。

如果 $GH > 1$，说明相对于其他国家而言，i 国 s 产品 GVC 收入中知识密集型制造业和知识密集型服务业的贡献率相对其他国家较高，那么 i 国被定位于 s 产品价值链分工体系中的中高端位置，反之，$GH < 1$，那么 i 国被定位于 s 产品价值链分工体系中的中低端位置，如果 $GH = 1$，那么 i 国被定位于 s 产品价值链分工体系中的中端地位。

---

① 价值链高度指数的构建参考了巴拉萨的显性比较优势指数（RCA 指数）。显示性比较优势指数是一种常用的国际竞争力指标，是指一个国家某种产品的出口值占该国出口总值的份额与世界该种产品的出口值占世界出口总值的份额的比率。

② 知识密集型制造业包括：化学原料及化学制品制造业，机械制造业，电气及电子机械器材制造业，交通运输设备制造业；知识密集型服务业包括：金融业，租赁和商务服务业（WTO 将租赁商务服务分为货物及其他与贸易相关服务，设备租赁服务，法律、会计、管理和公共关系服务，广告、市场研究和公众民意调查，研发服务，建筑、工程和其他技术服务，计算机数据处理，农业、开采和其他现场加工服务，其他服务）。

第二节　中国制造业产品 GVC 收入中知识密集型制造业和知识密集型服务业的占比

一、中国制造业产品 GVC 收入中知识密集型制造业的占比

由表 4 - 1 可以看到，中国木材、纸制品、印刷与出版物，化学品与非金属矿产品，基本金属与金属制品，其他制造品及回收设备 GVC 收入中知识密集型制造业的占比大大高于世界平均水平，也高于多数发达国家。中国纺织品、皮革与鞋类，食品、饮料与烟草，交通运输设备 GVC 收入中知识密集型制造业的占比略高于世界平均水平，也高于其他新兴经济体，但是低于部分发达国家。中国电子、电器与光学设备，机械设备 GVC 收入中知识密集型制造业的占比低于世界平均水平，与多数发达国家差距较大，例如，中国电子、电器与光学设备 GVC 收入中知识密集型制造业的占比仅为 41.25%，比世界平均水平低6 个百分点，大大低于美国（68.00%）、韩国（60.41%）和德国（54.67%）。

表 4 - 1　2011 年各国制造业产品 GVC 收入中知识密集型制造业的占比

单位:%

国家	食品、饮料与烟草	纺织品、皮革与鞋类	木材、纸制品、印刷与出版物	化学品与非金属矿产品	基本金属与金属制品	机械设备	电子、电器与光学设备	交通运输设备	其他制造品及回收设备
中国	4.67	7.50	12.61	27.43	8.39	43.32	41.25	43.52	10.52
日本	3.48	8.67	7.53	23.38	4.75	50.14	48.28	50.31	10.70
韩国	9.34	12.81	11.05	33.48	10.63	51.75	60.41	57.37	14.64
德国	6.47	13.29	4.52	31.65	6.63	56.33	54.67	48.07	7.59
法国	1.99	4.18	2.26	21.26	2.93	38.74	30.71	32.09	3.21
英国	3.11	4.83	2.07	21.78	3.58	47.94	42.90	41.91	3.86
美国	3.65	11.76	3.46	29.32	6.36	53.34	68.00	38.59	6.50

续表

国家	食品、饮料与烟草	纺织品、皮革与鞋类	木材、纸制品、印刷与出版物	化学品与非金属矿产品	基本金属与金属制品	机械设备	电子、电器与光学设备	交通运输设备	其他制造品及回收设备
印度	2.35	3.75	4.18	23.03	2.91	36.83	36.98	38.49	4.89
巴西	2.40	2.56	3.04	25.11	2.54	40.47	40.46	35.47	3.21
俄罗斯	2.23	5.76	3.60	5.21	2.42	33.41	26.80	28.65	4.22
世界	3.05	5.97	3.98	21.93	4.52	44.77	47.55	42.06	5.85

资料来源：根据 WIOD 数据库公布的世界投入产出表计算得到。

从发展趋势看，1995～2011 年，中国木材、纸制品、印刷与出版物，化学品与非金属矿产品 GVC 收入中知识密集型制造业的占比有一定提升，而多数国家有所下降。中国食品、饮料与烟草，纺织品、皮革与鞋类 GVC 收入中知识密集型制造业的占比变化不大，而多数发达国家有所提升。中国电子、电器与光学设备，机械设备，交通运输设备 GVC 收入中知识密集型制造业的占比有所下降，虽然多数国家的占比也出现下降，然而，美国机械设备和电子、电器与光学设备 GVC 收入中知识密集型制造业的占比却分别提升了 4.56% 和 20.66%，印度机械设备和交通运输设备 GVC 收入中知识密集型制造业的占比也分别提升了 2.64% 和 5.86%（见表 4 - 2）。

表 4 - 2　1995～2011 年各国制造业产品 GVC 收入中知识技术

密集型制造业占比的变化情况　　　　单位:%

国家	食品、饮料与烟草	纺织品、皮革与鞋类	木材、纸制品、印刷与出版物	化学品与非金属矿产品	基本金属与金属制品	机械设备	电子、电器与光学设备	交通运输设备	其他制造品及回收设备
中国	0.46	0.21	5.58	4.56	1.28	-4.37	-3.62	-2.53	2.45
日本	-0.10	0.64	0.81	-4.26	0.00	-2.62	-8.13	-3.00	1.87
韩国	4.43	2.78	2.75	-6.44	3.28	-0.32	1.46	-0.92	4.97
德国	0.97	2.47	-0.01	-3.54	0.49	-1.70	-1.68	-4.78	1.15
法国	-0.88	-1.45	-1.29	-4.69	-1.21	-4.98	-13.12	-5.05	-1.62

续表

国家	食品、饮料与烟草	纺织品、皮革与鞋类	木材、纸制品、印刷与出版物	化学品与非金属矿产品	基本金属与金属制品	机械设备	电子、电器与光学设备	交通运输设备	其他制造品及回收设备
英国	-1.57	-2.14	-1.83	-7.62	-1.13	-4.56	-10.42	-6.05	-2.01
美国	-0.74	2.41	-1.44	-3.47	-0.16	4.56	20.66	-9.60	0.34
印度	0.06	0.32	0.33	1.46	-0.27	2.64	-17.97	5.86	0.18
巴西	-0.73	-1.16	-1.40	-4.91	-2.40	-5.23	-4.52	-5.79	-1.51
俄罗斯	-0.13	-0.75	-0.43	-3.33	-0.32	-6.46	-9.85	-9.83	0.11
世界	-0.35	-0.63	-0.64	-5.48	-0.37	-4.69	-3.45	-6.30	0.21

注：表中数据为 2011 年和 1995 年各国制造业产品 GVC 收入中知识技术密集型制造业占比相减的结果。

资料来源：根据 WIOD 数据库公布的世界投入产出表计算得到。

由此可见，中国在资本和资源密集程度较高产品的 GVC 收入中知识密集型制造业的贡献率相对较高，而且有所提升；在劳动密集程度较高产品的 GVC 收入中知识密集型制造业的贡献率与部分发达国家有一定差距，并且没有明显提升；在技术密集程度较高产品的 GVC 收入中知识密集型制造业的贡献率与主要发达国家差距较大，而且进一步下降。

二、中国制造业产品 GVC 收入中知识密集型服务业的占比

由表 4 - 3 可知，中国制造业产品 GVC 收入中知识密集型服务业的占比都在 10% 以下，其中，食品、饮料与烟草，纺织品、皮革与鞋类 GVC 收入中知识密集型服务业占比偏低，仅为 5% ~ 6%；木材、纸制品、印刷与出版物，化学品与非金属矿产品，电子、电器与光学设备以及交通运输设备 GVC 收入中知识密集型服务业占比稍高，为 8% ~ 9%。中国各类制造业产品 GVC 收入中知识密集型服务业的占比明显低于世界平均水平，不仅与发达国家差距较大，与新兴经济体中的巴西和印度也有着不小的差距。例如，英、美、德、法四国纺织品、皮革与鞋类 GVC 收入中知识密集型服务业的占比在 16% ~ 26%，印度为 9.37%，而中国仅为 6.17%；英、美、德、法四国交通运输设备 GVC

收入中知识密集型服务业的占比在 16% ~ 26%，印度和巴西为 13% ~ 16%，而中国仅为 7.93%。

表 4 - 3 2011 年各国制造业产品 GVC 收入中

知识密集型服务业的占比 单位:%

国家	食品、饮料与烟草	纺织品、皮革与鞋类	木材、纸制品、印刷与出版物	化学品与非金属矿产品	基本金属与金属制品	机械设备	电子、电器与光学设备	交通运输设备	其他制造品及回收设备
中国	5.38	6.17	8.94	8.18	6.87	7.10	9.30	7.93	5.69
日本	8.66	12.11	10.74	9.30	9.93	11.02	12.39	10.91	17.44
韩国	10.57	11.22	12.55	13.65	10.88	11.23	11.67	9.45	11.25
德国	21.14	16.61	17.85	20.17	12.52	14.01	16.44	16.00	15.26
法国	23.84	24.48	24.04	29.36	21.00	23.60	28.71	25.80	21.97
英国	22.65	25.63	22.15	21.73	16.44	18.87	24.06	21.33	17.15
美国	16.94	20.31	22.99	15.80	20.48	17.05	13.60	24.40	15.88
印度	7.50	9.37	10.87	9.47	8.81	14.63	11.69	15.45	21.08
巴西	8.78	7.23	9.13	10.99	10.04	12.41	13.44	13.79	6.67
俄罗斯	4.38	4.88	4.37	4.68	4.48	5.28	5.03	5.60	4.99
世界	10.11	9.06	15.85	11.42	10.11	11.48	11.81	13.89	11.45

资料来源：根据 WIOD 数据库公布的世界投入产出表计算得到。

从发展趋势看，1995 ~ 2011 年中国制造业产品 GVC 收入中知识密集型服务业占比相对主要发达国家和新兴经济体提高幅度较小，而英、法、美三国制造业产品 GVC 收入中知识密集型服务业的占比均有较大提高，印度机械设备，电子、电器与光学设备和交通运输设备等技术密集型产品 GVC 收入中知识密集型服务业的占比也大幅提高。例如，1995 ~ 2011 年中国纺织品、皮革与鞋类 GVC 收入中知识密集型服务业的占比仅提高了 1.16%，而英国和法国分别提高了 13.89% 和 7.35%，印度和俄罗斯分别提高了 3.08% 和 3.10%；中国交通运输设备 GVC 收入中知识密集型服务业的占比仅提高了 1.83%，而美国和英国分别提高了 10.35% 和 7.74%，印度和俄罗斯分别提高了 5.38% 和 3.80%（见表 4 - 4）。

表 4 - 4   1995～2011 年各国制造业产品 GVC 收入中知识密集型

服务业的占比变化   单位:%

国家	食品、饮料与烟草	纺织品、皮革与鞋类	木材、纸制品、印刷与出版物	化学品与非金属矿产品	基本金属与金属制品	机械设备	电子、电器与光学设备	交通运输设备	其他制造品及回收设备
中国	1.61	1.16	4.14	2.65	- 0.70	0.56	2.81	1.83	0.57
日本	1.16	1.43	1.79	- 0.32	1.34	2.26	3.66	2.17	7.41
韩国	2.18	- 0.88	1.67	0.89	- 0.70	- 0.79	0.08	- 1.59	- 1.64
德国	4.91	3.38	3.13	3.25	0.60	1.41	1.30	3.24	0.74
法国	8.53	7.35	6.92	8.46	6.35	6.10	8.94	3.60	5.92
英国	9.16	13.89	11.24	8.61	5.49	6.82	10.76	7.74	4.94
美国	1.90	3.92	6.50	0.27	6.12	2.78	- 5.07	10.35	2.92
印度	1.64	3.08	3.19	1.23	- 0.40	4.55	5.22	5.38	12.78
巴西	0.25	0.17	- 1.37	- 0.51	- 1.40	0.57	- 0.47	- 0.92	- 0.15
俄罗斯	3.01	3.10	2.90	2.98	2.91	3.51	3.44	3.80	3.47
世界	0.41	- 0.74	3.63	0.02	0.40	0.56	- 0.52	2.12	0.69

资料来源：根据 WIOD 数据库公布的世界投入产出表计算得到。

可见，中国制造业产品 GVC 收入中知识密集型服务业占比偏低，不仅与发达国家的差距较大，与新兴经济体中的巴西和印度也有着不小的差距，而且提升幅度相对较小。

第三节 中国在制造业产品全球价值链中的分工地位研究

一、中国在各类制造业产品全球价值链中的分工地位

从图 4 - 1 可以看到，中国木材、纸制品、印刷与出版物，化学品与非金属矿产品，基本金属与金属制品的 GH 指数略大于 1，说明其处于国际分工体

系的中端。中国其他制造品及回收设备，交通运输设备，纺织品、皮革与鞋类，机械设备的 GH 指数小于 1、大于 0.9，说明其位于国际分工体系的中低端。中国电子、电器与光学设备，食品、饮料与烟草的 GH 指数为 0.85 和 0.76，说明其位于国际分工体系的低端。从变化趋势看，1995～2011 年，中国木材、纸制品、印刷与出版物，化学品与非金属矿产品的 GH 指数提升较大，分别为 0.39 和 0.34；食品、饮料与烟草，纺织品、皮革与鞋类，其他制造品及回收设备的 GH 指数有一定提升，分别为 0.16、0.15 和 0.14；而基本金属与金属制品，电子、电器与光学设备，交通运输设备的 GH 指数提升很小，机械设备的 GH 指数基本没有提高。这表明，中国在资本和资源密集程度较高的产品价值链分工中地位相对较高，而且多数有较大提升；在劳动密集程度较高的产品价值链分工中地位较低，但有一定提升；在技术密集程度较高的产品价值链分工中地位较低，并且提升幅度很小或基本没有提升。其中可能的原因是，技术密集型产品的国际生产分割程度较高，在外资企业主导下，中国以加工贸易方式融入全球价值链，被锁定在加工装配等下游环节，与本国产业的价值链断裂、缺乏内在有机联系，因此，加工制造环节的规模扩张并不必然带来产业整体升级。对于纺织服装、皮革、鞋类等劳动密集型行业以及木材、纸制品、化工品等资本、资源密集型行业，由于生产的国际化程度相对较低，加工贸易并不是中国参与国际分工的主要方式[1]，中国能够通过较低价值链的产品生产和对技术的消化吸收，进行工艺升级和产品升级，从而实现国际分工地位的逐渐攀升。另外，本书研究发现，中国木材、纸制品、印刷与出版物，化学品与非金属矿产品的出口额占世界的比重相对较低[2]，其出口的 RCA 指数也较低（说明相对其他国家，中国这类产品的出口值占中国出口总值的比重较低），而且自 1995 年不断下降，如中国木材、纸制品、印刷与出版物和化学品与非金属矿产品的 RCA 指数分别由 1995 年的 0.64 和 0.59 下降为 2011 年的 0.34 和 0.54，与此相对照的是，中国电子、电器与光学设备和机械设备的

---

① 王岚. 融入全球价值链对中国制造业国际分工地位的影响 [J]. 统计研究，2014（5）：17－23.
② 田文，张亚青，佘珉. 全球价值链重构与中国出口贸易的结构调整 [J]. 国际贸易问题，2015（3）：3－13.

RCA 指数却分别由 1995 年的 1.24 和 0.35 上升为 2011 年的 2.05 和 0.86。这说明分工地位与出口是负相关关系，出口能力较弱的行业由于更依赖于本土市场需求，反而专注于发展和积累自身技术能力，可能逐渐形成了技术发展和产业升级的内生动力。

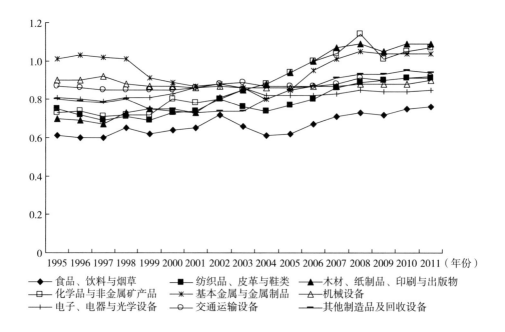

图 4 - 1   中国在各类制造业产品全球价值链中的分工地位

资料来源：根据 WIOD 数据库公布的世界投入产出表计算得到。

二、中国在制造业产品全球价值链中分工地位的国际比较

食品、饮料与烟草全球价值链中，欧盟、美国和韩国位于高端，GH 指数很高，其中德国为 2.1，英国和法国接近 2，美国和韩国在 1.5 以上。从趋势来看，1995～2011 年欧盟和韩国的 GH 指数提升幅度很大，美国较稳定。日本位于价值链的中低端。新兴经济体均位于价值链低端，其中，巴西的 GH 指数在 0.85 左右；中国和印度的 GH 指数在 0.75 左右，1995～2011 年有一定提升；俄罗斯分工地位最低，GH 指数仅为 0.5，但 1995～2011 年有较大提升

（见表 4 - 5、图 4 - 2）。

表 4 - 5　各国在制造业产品全球价值链中的 GH 指数及变化情况

国家	食品、饮料与烟草			纺织品、皮革与鞋类			木材、纸制品、印刷与出版物			化学品与非金属矿产品			基本金属与金属制品		
	1995 年	2011 年	变化	1995 年	2011 年	变化	1995 年	2011 年	变化	1995 年	2011 年	变化	1995 年	2011 年	变化
中国	0.61	0.76	0.15	0.75	0.91	0.16	0.70	1.09	0.39	0.73	1.07	0.34	1.01	1.04	0.03
日本	0.85	0.92	0.07	1.14	1.38	0.24	0.93	0.92	-0.01	0.96	0.98	0.02	0.91	1.00	0.09
韩国	1.02	1.51	0.49	1.35	1.6	0.25	1.14	1.19	0.05	1.36	1.41	0.05	1.3	1.47	0.17
德国	1.66	2.10	0.44	1.47	1.99	0.52	1.14	1.13	-0.01	1.34	1.55	0.21	1.24	1.31	0.07
法国	1.39	1.96	0.57	1.39	1.91	0.52	1.23	1.33	0.10	1.21	1.52	0.31	1.29	1.64	0.35
英国	1.39	1.96	0.57	1.14	2.03	0.89	0.88	1.22	0.34	1.10	1.3	0.20	1.07	1.37	0.30
美国	1.48	1.56	0.08	1.57	2.13	0.56	1.27	1.33	0.06	1.25	1.45	0.20	1.43	1.83	0.40
印度	0.62	0.75	0.13	0.59	0.87	0.28	0.69	0.76	0.07	0.77	0.97	0.20	0.85	0.8	-0.05
巴西	0.89	0.85	-0.04	0.66	0.65	-0.01	0.89	0.61	-0.28	1.07	1.08	0.01	1.12	0.86	-0.26
俄罗斯	0.28	0.50	0.22	0.51	0.71	0.20	0.33	0.40	0.07	0.26	0.3	0.04	0.3	0.47	0.17

国家	机械设备			交通运输设备			电子、电器与光学设备			其他制造品与回收设备		
	1995 年	2011 年	变化	1995 年	2011 年	变化	1995 年	2011 年	变化	1995 年	2011 年	变化
中国	0.9	0.9	0.00	0.87	0.92	0.05	0.81	0.85	0.04	0.8	0.94	0.21
日本	1.02	1.09	0.07	1.03	1.09	0.06	1.03	1.02	-0.01	1.15	1.63	0.44
韩国	1.06	1.12	0.06	1.15	1.19	0.04	1.11	1.21	0.1	1.38	1.5	0.39
德国	1.17	1.25	0.08	1.09	1.15	0.06	1.13	1.2	0.07	1.28	1.32	0.12
法国	1.01	1.11	0.10	0.99	1.03	0.04	1.00	1.00	0	1.27	1.45	0.17
英国	1.07	1.19	0.12	1.02	1.13	0.11	1.05	1.13	0.08	1.1	1.21	0.16
美国	1.04	1.25	0.21	1.03	1.13	0.1	1.04	1.37	0.33	1.17	1.29	0.09
印度	0.73	0.91	0.18	0.71	0.96	0.25	0.97	0.82	-0.15	0.79	1.5	0.4
巴西	0.95	0.94	-0.01	0.93	0.88	-0.05	0.93	0.91	-0.02	0.7	0.57	-0.06
俄罗斯	0.69	0.9	0.00	0.67	0.61	-0.06	0.6	0.54	-0.06	0.34	0.53	0.18

资料来源：根据 WIOD 数据库公布的世界投入产出表计算得到。

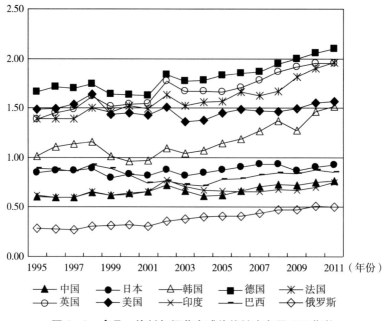

图 4 - 2　食品、饮料与烟草全球价值链中各国 GH 指数

纺织品、皮革与鞋类全球价值链中，美国、欧盟、日本和韩国位于高端，其中，英国和美国的 GH 指数均超过 2，德国和法国接近 2，日本和韩国在 1.3 和 1.6 之间。从趋势看，美国和欧盟的 GH 指数大幅提升，英国升幅最大，从 1995 年到 2011 年提高了 0.89，美国、德国和法国的升幅也超过了 0.5。中国和印度位于价值链中低端，GH 指数分别为 0.91 和 0.87，其中，印度的 GH 指数提升较大，从 1995 年的 0.59 提升至 2011 年的 0.87，中国也有一定提升。巴西和俄罗斯位于价值链低端，GH 指数分别为 0.65 和 0.71，俄罗斯有一定提升，而巴西变化不大（见表 4 - 5、图 4 - 3）。

木材、纸制品、印刷与出版物全球价值链上，美国、法国和英国位于高端，美国和法国的 GH 指数在 1.3 以上，英国在 1.2 以上；三国分工地位都有所提升，其中，英国提升幅度最大，GH 指数从 1995 年的 0.88 提升为 2011 年的 1.22。韩国和德国位于价值链的中高端，GH 指数在 1.1 以上。中国位于价值链中端，2011 年 GH 指数为 1.09，而且提升幅度较大，从 1995 年的 0.7 提升至 2011 年的 1.09。日本位于价值链的中低端。其他新兴经济体位于价值链的低端，其中，俄罗斯的 GH 指数仅为 0.4（见表 4 - 5、图 4 - 4）。

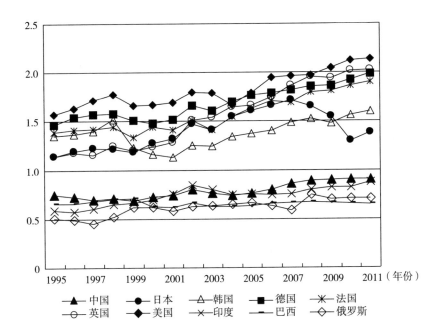

图 4 - 3 纺织品、皮革与鞋类全球价值链中各国的 GH 指数

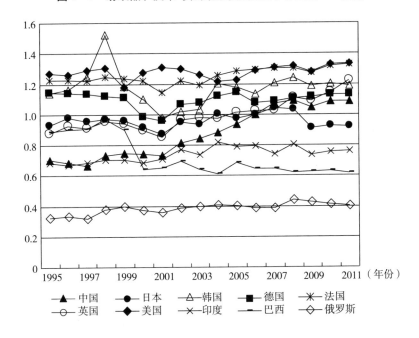

图 4 - 4 木材、纸制品、印刷与出版全球价值链中各国的 GH 指数

化学品与非金属矿产品全球价值链上，美国、欧盟和韩国位于高端，GH 指数均有所提升，其中，德国和法国的 GH 指数超过 1.5。中国、巴西、印度和日本处于价值链中端，GH 指数在 1 左右，其中，中国和印度的 GH 指数提升幅度较大，而日本和巴西则变化不大。俄罗斯位于价值链低端，GH 指数仅为 0.3（见表 4－5、图 4－5）。

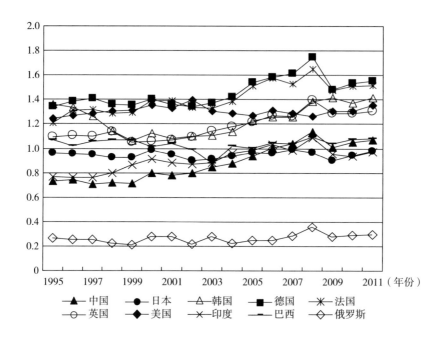

图 4－5　化学品与非金属矿产品全球价值链中各国的 GH 指数

基本金属与金属制品全球价值链上，美国、欧盟和韩国位于高端，美国和法国的 GH 指数最高而且提升较大，如美国由 1995 年的 1.43 提升到 2011 年的 1.83；韩国、英国和德国的 GH 指数均在 1.3 以上，而且都有所提升。中国和日本位于价值链中端，GH 指数分别为 1.04 和 1，其中，中国的指数先降后升，呈 U 形变化，2011 年和 1995 年相比变化不大。印度和巴西位于价值链中低端，GH 指数为 0.8 左右。俄罗斯位于价值链低端，GH 指数只有 0.47（见表 4－5、图 4－6）。

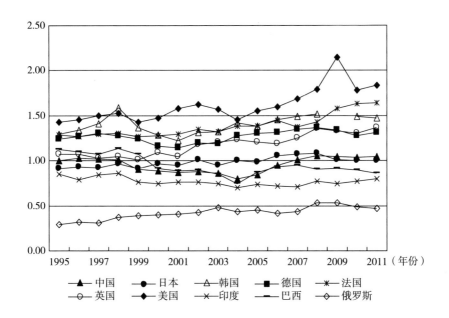

图4-6 基本金属与金属制品全球价值链中各国的 GH 指数

机械设备全球价值链中，美国、德国和英国处于高端，其中，美国和德国的 GH 指数最高，2011 年均为 1.25，美国提升较大，从 1995 年的 1.04 提升到 2011 年的 1.25，德国则稳中有升。法国、韩国和日本位于价值链中高端，GH 指数在 1.1 左右，且都有一定提升。新兴经济体的 GH 指数均小于 1，分工地位较低，其中，中国、印度和巴西位于价值链中低端，GH 指数均在 0.9 以上，俄罗斯位于价值链低端，GH 指数仅为 0.67；从趋势上看，中国、巴西和俄罗斯变化不明显，而印度提升较为明显（见表 4-5、图 4-7）。

交通运输设备的全球价值链中，韩国、德国、英国和美国位于高端，GH 指数均在 1.1 以上。日本和法国位于价值链中端，GH 指数都超过 1。印度和中国位于价值链中低端，GH 指数在 0.9 以上，其中，印度的 GH 指数提升幅度较大，从 1995 年的 0.71 提升至 2011 年的 0.96，中国的 GH 指数提升幅度很小，只有 0.05。巴西的 GH 指数次于印度和中国，2011 年比 1995 年略有下降，俄罗斯 2011 年的 GH 指数为 0.61，位于价值链低端（见表 4-5、图 4-8）。

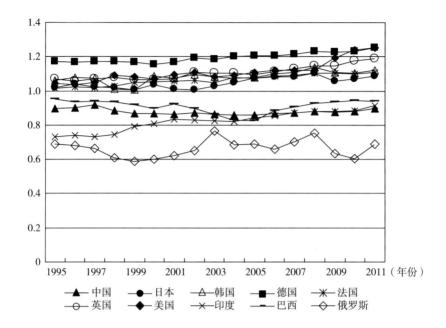

图 4 – 7   机械设备全球价值链中各国的 GH 指数

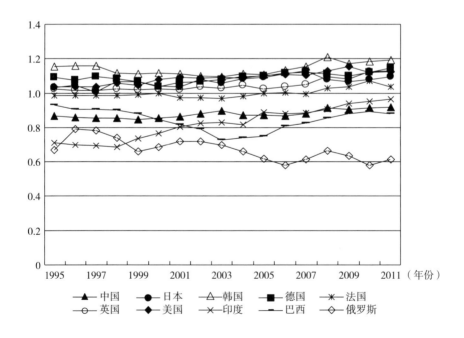

图 4 – 8   交通运输设备全球价值链中各国的 GH 指数

电子、电器与光学设备全球价值链上，美国、韩国和德国位于高端，其中，美国的 GH 指数最高而且提升幅度很大，2011 年为 1.37，1995～2011 年升幅为 0.33。其次是韩国和德国，GH 指数都在 1.2 以上，并且均有一定提升。英国、法国和日本位于价值链中端，GH 指数都超过 1，其中，英国有一定提升，而日本和法国则变化不大。新兴经济体均位于价值链低端，其中，巴西的分工地位相对较高，2011 年 GH 指数为 0.91，印度和中国的 GH 指数分别为0.82 和 0.85，俄罗斯的 GH 指数仅为 0.54，从趋势看，中国的 GH 指数略有提升，但升幅很小，印度则有较大下降，巴西变化不大（见表 4 - 5、图 4 - 9）。

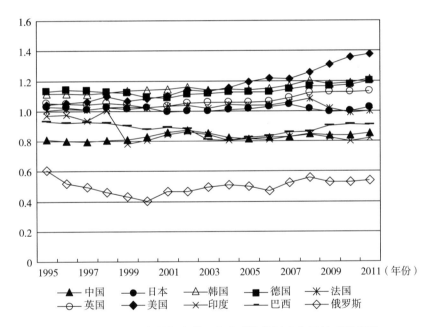

图 4 - 9　电子、电器与光学设备全球价值链中各国的 GH 指数

其他制造品及回收设备全球价值链中，日本、韩国和印度的 GH 指数较高，均超过 1.5，其中，印度提升幅度很大，从 1995 年的 0.79 提升至 2011 年的 1.50；法国、德国、美国和英国的 GH 指数在 1.2 和 1.5 之间，这些国家均位于价值链高端。中国位于价值链中低端，GH 指数为 0.94，有一定提升。巴西和俄罗斯位于价值链低端，GH 指数在 0.5 左右（见表 4 - 5、图 4 - 10）。

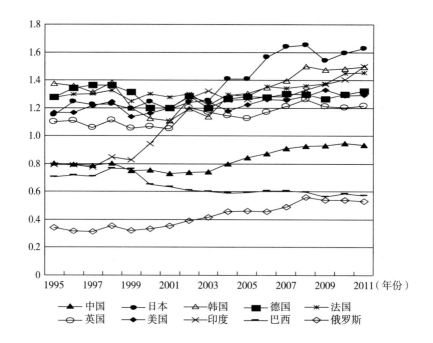

图 4 – 10　其他制造品及回收设备全球价值链中各国的 GH 指数

资料来源：根据 WIOD 数据库公布的世界投入产出表计算得到。

　　总体来看，中国与其他新兴经济体仍然处于制造业全球价值链的中低端，发达国家处于制造业全球价值链的中高端，国际分工地位的差距仍然很大。从具体产品价值链看，中国在资本和资源密集型产品全球价值链中位于中端，分工地位提升较大；在劳动密集型产品全球价值链中位于中低端，分工地位有一定提升，但升幅有限；在技术密集型产品全球价值链中位于中低端，分工地位没有提升或提升幅度很小。主要发达国家在所有产品全球价值链中均位于高端或中高端，它们在劳动密集型产品全球价值链上大幅提高了分工地位，与新兴经济体的距离进一步拉大；在资本和资源密集型产品全球价值链中发达国家的分工地位有一定提升；在技术密集型产品全球价值链上，欧盟和日本保持了原有的分工地位，而美国在电子、电器与光学设备和机械设备全球价值链中的分工地位显著提升。其他新兴经济体在所有产品全球价值链中都位于中低端，但印度的表现十分突出，其在纺织品、皮革与鞋类，其他制造品及回收设备，交通运输设备，机械设备全球价值链中分工地位均有较大提升，呈现出强劲的发展势头；俄罗斯由于主要依靠提供资源性产品参与国际分工，因此其国际分工地位很低。

可见，发达国家由于主要从事产品的研发、设计、营销及高集成度的零部件生产，控制了产业链的上游环节和关键环节，因而处于制造业全球产业链和价值链的中高端。中国主要依赖从发达国家进口高集成度的零部件，按照其研发设计要求进行组装加工后出口，因而处于全球价值链的中低端。虽然，21世纪以来发达国家通过对外投资和外包等方式不断把生产环节转移到中国，然而，以外资为主力的"为出口而进口"的贸易模式，使大量企业集中于单一环节，价值链无法在国内较快延伸，抑制了中国制造业企业的自主创新动力，也制约了其规模发展，从而在国际竞争中陷入低端锁定效应[①]。而发达国家则通过将劳动密集型环节外移而大幅提高了分工地位。

第四节　中国在制造业产品 GVC 中分工地位影响的实证研究

如何解释中国在制造业 GVC 中分工地位的变动？中国在制造业 GVC 中的分工地位受哪些因素的影响？本节对此进行了实证研究。

一、模型构建及数据说明

波特的国家竞争优势理论认为，一国某产业竞争力由要素条件，需求条件，相关支持产业，企业战略、结构和竞争，政府行为，机遇六大因素决定。基于该理论及相关文献研究成果，本书选取以下指标构建实证模型。

（1）国内需求（DD）。本书用中国制造业各部门国内最终需求占该部门总产值之比作为衡量指标，数据来源于 WIOD 数据库。

---

① 陈爱贞，刘志彪. 决定我国装备制造业在全球价值链中地位的因素——基于各细分行业投入产出实证分析［J］. 国际贸易问题，2011（4）：115 – 125.

（2）技术创新（R&D）。本书选择制造业各部门研发投入占该部门总产值之比作为衡量指标，数据来源于《中国科技统计年鉴》。

（3）人力资本（LAB）。本书选择高素质 GVC 就业人数占 GVC 就业之比作为衡量指标。GVC 就业是指一国直接或间接参与制造业最终产品生产的劳动力数量。我们定义 $p^{lh_i}(s)$ 为 i 国 s 部门单位总产出的高素质劳动力人数，用 $p^{lh_i}(s)$ 替代前文公式（2-3）中的 $p_i(s)$，就可以得到一国 GVC 就业中高素质劳动力数量。根据国际教育分级标（ISCED）的定义，高素质劳动力指大学以上文化的劳动者，数据来源于 WIOD 数据库。

（4）服务业投入（SER）。本书选择各制造业部门国内服务业投入占国内总投入的比重作为衡量指标，数据来源于 WIOD 数据库。

（5）生产分割度（FG）。本书用制造业各部门进口中间投入占出口的比重作为衡量指标，数据来源于 WIOD 数据库。

考虑到国内需求的长期效应以及国内需求对研发投入会产生影响，本书在模型中加入国内需求的平方项、国内需求与研发投入的交互项两个解释变量。由于面板数据具有可以对不同个体进行控制、避免有偏估计、能更好地识别和测量一些效应等优势，本书采用面板数据模型。另外，考虑到行业之间存在一定的差异性，本书用固定效应面板数据模型来控制行业差异。具体的计量回归模型如下：

$$GH_{it} = \beta_0 + \beta_1 DD_{it} + \beta DD_{it}^2 + \beta_3 R\&D_{it} + \beta_4 (DD \times R\&D)_{it} + \beta_5 LAB_{it} + \beta_6 SER_{it} + \beta_7 FG_{it} + U_{it}$$

$$(4-2)$$

其中，i 表示制造业各部门，t 表示年份。GH 表示价值链高度指数，DD 表示国内需求，$R\&D$ 表示研发投入，$DD \times R\&D$ 表示国内需求与研发投入的交互影响，LAB 表示人力资本，SER 表示服务业投入，FG 表示生产分割度。

二、实证结果分析

本书利用 2001～2011 年中国 9 个制造业部门的面板数据进行回归，模型估计结果如表 4-6 所示。由表 4-6 可见，采用 Hausman 检验，其 p 值小于显著性水平 0.05，即拒绝原假设，说明选择固定效应模型是合理的。在模型中，除 R&D 外其余变量均通过了显著性检验。

表 4 - 6   实证结果

变量	个体固定效应
常数项	0. 369214 （2. 741868） *
DD	- 0. 021492 （ - 4. 029486） *
DD²	0. 000231 （3. 105736） *
R&D	- 0. 006139 （ - 0. 571689）
DD × R&D	0. 001832 （3. 616189） *
LAB	0. 041038 （3. 407113） *
SER	0. 004627 （3. 407113） *
FG	0. 008982 （4. 002328） *
F 检验	19. 90543 *
Hausman 检验	37. 279596 *
R²	0. 782484

注：计量软件为 Eviews6. 0，括号内均为 t 值，其中 * 代表 5% 的显著性水平。

（1）人力资本、服务业投入和生产分割对中国制造业分工地位具有显著影响，其中人力资本的影响最大，说明目前中国制造业分工地位提升的主要驱动力是人力资源禀赋，尤其是高素质劳动力。而生产者服务通过人力资本的优化和高技术的溢出效应促进分工地位提升，生产分割使企业从技术扩散和分工合作中获益，也有利于分工地位提升。

（2）国内需求 DD 的系数为负，二次项 DD² 的系数为正，说明国内需求对制造业分工地位的影响效应呈 U 形，短期内国内需求增加，但由于规模较小且国内居民对产品品质要求不高，可能使企业缺乏动力进行技术创新和产品升级，不利于分工地位的提升，但长期来看，当国内需求增加到一定程度并形成一定规模时，居民对产品品质的要求也会相应提高，这使企业更加重视国内市场，从而加大技术研发、产品营销和品牌创建，因而有利于分工地位的升级。

（3）研发投入对中国制造业分工地位的影响不显著，这说明研发投入对提升中国制造业分工地位的作用尚不明显，原因是中国产品的研发含量还相对较少，企业参与技术创新成果转化的动力还不足。但是，国内需求与研发投入交互项对制造业分工地位的影响为正，这说明国内需求会刺激企业增加研发投入，两者相互作用有利于制造业分工地位的升级。

第五节　研究结论与启示

一、研究结论

通过对制造业产品全球价值链上中国分工地位的分析，可以得出以下结论：

（1）中国资本和资源密集型产品 GVC 收入中知识密集型制造业的贡献率相对较高，而且有所提升；劳动密集型产品 GVC 收入中知识密集型制造业的贡献率与部分发达国家有一定差距，并且没有明显提升；技术密集型产品 GVC 收入中知识密集型制造业的贡献率与主要发达国家差距较大，而且进一步下降。中国各类制造业产品 GVC 收入中知识密集型服务业的贡献率仍然偏低，不仅与发达国家差距较大，与新兴经济体中的巴西和印度也有着不小的差距，而且提高幅度较小。

（2）中国处于资本和资源密集型产品全球价值链的中端，GH 指数显著提升；处于劳动密集型产品全球价值链的中低端，GH 指数有一定提升；处于技术密集型产品全球价值链的中低端，GH 指数没有提升或提升幅度很小。这说明越是高技术部门，中国越会通过从事加工装配等下游环节参加国际分工，面临的"锁定"风险越大；对于劳动密集型行业和资本、资源密集型行业，由于加工贸易并不是中国参与国际分工的主要方式，因此，通过较低价值链的产品生产和对技术的消化吸收，能够逐渐进行工艺升级和产品升级；而更多地依赖于本地市场需求和自身能力的行业，则更容易提升在国际分工体系中的地位。

（3）人力资本、服务业投入和生产分割对中国制造业分工地位具有显著影响。国内需求对制造业分工地位的影响效应呈 U 形，短期内国内需求增加不利于分工地位的提升，但长期来看，国内需求的不断扩大，有利于分工地位的升级。研发投入对于提升中国制造业分工地位的作用尚不明显，但是，国内需求与研发投入两者相互作用有利于制造业分工地位的升级。

二、启示

由前文的分析结论，可以得到以下启示：

第一，单纯两头在外的加工贸易模式并不能有效提升国际分工地位，以不适当的方式把自己定位于劳动密集型环节，很容易在全球价值链的网络中被俘获，被长期锁定在产业链的低端。而基于本地市场需求和自身能力，则有利于形成技术发展和产业升级的内生动力。因此，要实现产业链向高端攀升，除了要促进传统"加工贸易"转型升级、增强国内"中间品"生产配套和出口能力，大力推进制造业企业自主创新以外，还需要转变经济发展战略，由"出口导向型"向"内需带动型"经济发展战略转变。

第二，要突破把未来的竞争优势继续建立在初级生产要素上的传统观念，改变加入 GVC 的方式，增加对现有制造业的人力资本投入和生产者服务投入。尤其要充分发挥知识密集型服务业的人力资本优化和高技术溢出效应，占领制造业价值链高端环节，使其成为制造业增长的牵引力和推进器，并通过各种途径提升制造业的国际竞争力①。

---

① 刘志彪. 全球价值链中我国外向型经济战略的提升——以长三角地区为例 [J]，中国经济问题，2007（1）：9 – 17.

第五章　中国、美国和日本在亚太
制造业价值链中的地位变迁

　　基于发展阶段和资源禀赋的多样性以及密切的分工和贸易投资关系，亚太地区成为全球价值链参与程度最高的地区之一，是当今全球价值链循环中的关键链条。在亚太分工体系中，美国、日本等发达国家主要从事高技术关键零部件生产，提供知识技术密集型服务，长期控制亚太区域价值链的高端环节，而中国等发展中国家则利用廉价劳动力和资源禀赋的优势从事价值链上装配和最终产品生产等低端环节。近年来，随着经济全球化的推进，各国的生产要素、产业政策、国内外环境都发生了巨大的变化，对各国的价值链地位可能产生深刻的影响。当前，中国、美国和日本（以下简称中美日）之间正在展开一场主导未来贸易规则和国际秩序的竞赛，争夺塑造亚太区域价值链和生产网络的主动权①，亚太地区的竞争已转化为区域内价值链的竞争②。而在区域价值链构建中，中美日的竞争态势将影响亚太价值链的发展方向。本章试图研究2001年中国"入世"到2014年中美日在亚太各国价值链中的地位变迁，从而为预测亚太地区的制造业分工格局，以及中国参与亚太价值链竞争并更好地融入区域经济合作提供有益的借鉴。

　　目前，学术界对于亚太价值链中各国地位的研究并不多见，其中，宋玉华和张海燕（2014）构建了亚太九国价值链模型，并判断各国增加值创造能力

---

①　阙登峰，肖汉雄，卓丽洪等. TPP、亚太区域价值链重构及对中国的影响［J］. 经济与管理研究，2017（1）：16－25.

②　王金强. TPP背景下国际经贸规则的变革与亚太价值链的构建［J］. 东北亚论坛，2016（3）：80－96.

与各国间经济依存关系，结论如下：韩国创造增加值的能力最强，其从亚太价值链收益最多，因而对亚太价值链的依赖性最强；中国是亚太价值链中最大的中间品出口国，亚太八国对中国中间品出口有明显的依赖性；中国第二产业的增加值创造能力明显强于第一、第三产业，中国的增加值创造能力有待提高。范爱军和常丽丽（2012）运用贸易增长分解方法，从贸易增长途径探讨了中国与东亚各国的相对分工地位。研究结果显示，日本、韩国、新加坡和马来西亚对中国的出口以价格增长为主，而菲律宾、泰国和印度尼西亚主要以数量增长带动对中国的出口贸易。中国并非位于分工体系的底端，其在东亚生产网络中的分工地位处于上升阶段，并逐步向分工体系的高端收敛。华晓红和宫毓雯（2015）采用"增值法"将双边贸易拆解为 10 个部分，结果表明，当前中国显示性比较优势仍集中于劳动密集型行业，但在电子和光学产品制造业、化学及化学制品制造业、机械设备制造业中，其在亚太价值链上的地位有显著提升。

从现有文献看，目前学者们对于亚太地区各国制造业关系的深入研究还较少，尤其是对亚太地区制造业价值链的解构甚少[①]，鲜有学者对中美日在亚太价值链中的地位及变迁进行比较研究。

本章使用 World Input – Output Database（WIOD）数据库，利用 Timmer（2013）提出的全球价值链增加值分解方法（具体推算方法见第二章），解构 2001 年和 2014 年亚太主要国家（包括中国、中国台湾、日本、韩国、印度尼西亚、印度、澳大利亚、美国、加拿大、墨西哥）纺织品、电子信息产品、机械设备、运输设备四类主要产品的增加值，分析中美日在亚太各国价值链中的贡献及变化，并通过计算 GH 指数来探究中美日在亚太各国价值链中的地位及其变迁。本章的 GH 指数是指在某国 s 产品增加值中 i 国知识技术密集型部门增加值占 i 国贡献的全部增加值的比重与知识技术密集型部门增加值占某国 s 产品增加值的比重的比率。GH 值越大，表明相对于其他国家而言，i 国在某国 s 产品增加值中知识技术密集型部门的贡献率越高，则 i 国在某国 s 产品价值链分工体系中的位置也越高。

---

① 苏灿，任建兰．中国制造业在亚太地区的分工与合作研究综述［J］．世界地理研究，2016（1）：95 – 103.

第一节　中美日在亚太制造业价值链中的地位变迁

一、中美日在亚太纺织品价值链中的地位变迁

1. 中美日在亚太纺织品增加值中的贡献

由表 5 - 1 可以看到，2001 年中国对其他亚太国家和地区纺织品增加值的贡献率较低，基本上都低于美国和日本。而 2014 年，中国除了对加拿大和墨西哥纺织品增加值的贡献居于美国之后，对其他亚太国家（地区）纺织品增加值的贡献均大大高于美国和日本。其中，中国对印度尼西亚纺织品增加值的贡献率上升最大，从 2001 年的 1.39% 提升至 2014 年的 7.08%；中国对韩国和中国台湾纺织品增加值的贡献率也分别从 2001 年的 2.76% 和 1.24% 上升到 2014 年的 6.07% 和 5.89%。同时，中国对本国纺织品增加值的贡献率也从 2001 年的 83.95% 提升到 2014 年的 90.44%。而 2001 ~ 2014 年，美国和日本对亚太国家和地区（包括本国）纺织品增加值的贡献率则普遍下降，其中，美国对墨西哥、加拿大纺织品增加值的贡献率下降较大，降幅为 4% 左右；而日本对本国纺织品增加值的贡献率降幅达 8.78%，对中国台湾、韩国和中国大陆纺织品增加值的贡献率也下降较大。

表 5 - 1　2014 年中美日在亚太国家（地区）纺织品增加值中的占比

单位：%

		中国	中国台湾	日本	韩国	印度尼西亚	印度	澳大利亚	美国	加拿大	墨西哥
中国	2001 年	83.95	1.24	0.67	2.76	1.39	0.51	2.11	0.44	0.93	0.53
	2014 年	90.44	5.89	3.20	6.07	7.80	2.16	5.24	2.16	4.17	3.57
	变化	6.49	4.65	2.53	3.31	6.41	1.65	3.13	1.72	3.24	3.04
美国	2001 年	1.13	4.13	1.28	3.6	1.95	1.40	3.05	88.10	16.86	16.50
	2014 年	0.88	3.61	1.45	2.33	1.09	0.87	1.24	85.46	13.05	12.09
	变化	-0.25	-0.52	0.17	-1.27	-0.86	-0.53	-1.81	-2.64	-3.81	-4.41

续表

		中国	中国台湾	日本	韩国	印度尼西亚	印度	澳大利亚	美国	加拿大	墨西哥
日本	2001 年	2.23	6.69	92.17	3.89	2.65	0.61	1.65	1.00	1.05	0.85
	2014 年	0.57	4.50	83.39	2.27	1.15	0.28	0.37	0.63	0.62	0.52
	变化	−1.66	−2.19	−8.78	−1.62	−1.5	−0.33	−1.28	−0.37	−0.43	−0.33

注：表中的变化一栏是用 2014 年的数据减去 2001 年的数据得到的。

资料来源：根据 WIOD 数据库公布的世界投入产出表计算得到。

2. 中美日在亚太纺织品价值链中的地位

由表 5 - 2 可以看到，2001～2014 年中国在多数亚太国家和地区纺织品价值链中的地位有所提升，其中，在中国台湾、韩国、澳大利亚和日本纺织品价值链中的地位提升较大，GH 指数分别从 2001 年的 1.18、0.8、1.01 和 1.04 上升为 2014 年的 1.61、1.22、1.50 和 1.35。但是，中国在印度尼西亚和美国纺织品价值链中的地位有所下降，GH 指数分别从 2001 年的 1.85 和 0.95 下降为 2014 年的 1.51 和 0.88。2001～2014 年美国在澳大利亚、墨西哥、加拿大、日本和中国台湾纺织品价值链中的地位提升较大，但是，在中国大陆和印度纺织品价值链中的地位下降较大，降幅分别为 0.61 和 0.77。同期日本在多数亚太国家（地区）纺织品价值链中的地位下降，其中，在印度、美国、印度尼西亚和韩国纺织品价值链中的地位下降较大，只在澳大利亚和中国纺织品价值链中的地位有一定提升。总体来看，中国与日本在亚太纺织品价值链中的地位差距大幅缩小。

表 5 - 2　中美日在亚太国家（地区）纺织品价值链中的 GH 指数

		中国	中国台湾	日本	韩国	印度尼西亚	印度	澳大利亚	美国	加拿大	墨西哥
中国	2001 年	0.79	1.18	1.04	0.80	1.85	1.77	1.01	0.95	1.01	1.04
	2014 年	0.89	1.61	1.35	1.22	1.51	1.97	1.50	0.88	1.14	1.22
	变化	0.10	0.43	0.31	0.42	− 0.34	0.20	0.49	− 0.07	0.13	0.18
美国	2001 年	3.60	2.48	2.67	2.41	3.63	4.48	2.84	0.96	2.06	1.98
	2014 年	2.99	2.73	3.04	2.51	3.78	3.71	4.17	0.99	2.31	2.44
	变化	−0.61	0.25	0.37	0.10	0.15	− 0.77	1.33	0.03	0.25	0.46

续表

日本		中国	中国台湾	日本	韩国	印度尼西亚	印度	澳大利亚	美国	加拿大	墨西哥
日本	2001 年	2.60	2.31	0.96	2.12	3.38	3.44	2.22	1.88	2.31	2.62
	2014 年	2.73	2.11	0.91	1.85	3.04	2.84	2.85	1.32	2.07	2.43
	变化	0.13	- 0.20	- 0.05	- 0.27	- 0.34	- 0.60	0.63	- 0.56	- 0.24	- 0.19

注：表中的变化一栏是用 2014 年的数据减去 2001 年的数据得到的。

资料来源：根据 WIOD 数据库公布的世界投入产出表计算得到。

尽管如此，从 GH 指数的绝对值来看，2014 年中国和美国、日本仍有较大差距，中国在多数亚太国家的纺织品价值链中 GH 指数大于 1，而日本和美国在多数亚太国家纺织品价值链中的 GH 指数大于 2，甚至大于 3。这说明美国和日本仍位于价值链的高端，而中国位于价值链的中低端。

二、中美日在亚太电子信息产品价值链中的地位变迁

1. 中美日在亚太电子信息产品增加值中的贡献

由表 5 - 3 可以看到，2001 年中国对其他亚太国家（地区）电子信息产品增加值的贡献率多数小于 1%，大大低于美国和日本，而 2014 年中国除了对加拿大和墨西哥电子信息产品增加值的贡献率低于美国，对其他亚太国家（地区）电子信息产品增加值的贡献率均大大高于美国和日本。2001 ~ 2014 年中国对包括本国在内的亚太国家（地区）电子信息产品增加值的贡献率有较大提升，其中，中国对墨西哥、中国台湾、韩国和印度尼西亚电子信息产品增加值的贡献率分别从 2001 年的 0.82%、1.66%、1.64% 和 1.35% 上升为 2014年的 10.54%、9.57%、9.20% 和 8.68%，升幅在 7% 以上，说明这些亚太国家（地区）大量从中国进口中间产品，它们对中国的依赖程度大大提高。不过，中国对美国电子信息产品增加值贡献率的提升相对较小，仅从 0.52% 提高到 2.05%。而同期，美国对其他亚太国家（地区）电子信息产品增加值的贡献率均有所下降，其中，对墨西哥、加拿大、中国台湾和韩国电子信息产品增加值的贡献率下降幅度较大，分别从 2001 年的 35.19%、23.31%、8.84% 和 8.10% 下降为 2014 年的 25.02%、14.55%、2.74% 和 2.98%，降幅为

5%～10%。2001～2014年日本对包括本国在内的亚太国家（地区）电子信息产品增加值的贡献率也普遍下降，其中，对本国电子信息产品增加值的贡献率下降达13%，对中国台湾和韩国电子信息产品增加值的贡献率下降均超过5%，分别从13.10%和9.35%下降为6.33%和4.27%。可见，韩国、中国台湾和墨西哥等原来对美日依赖程度较高的国家和地区，对美日的依赖程度大幅下降，而对中国的依赖程度大幅上升。

表5-3　中美日在亚太主要国家（地区）电子信息产品增加值中的占比

单位:%

		中国	中国台湾	日本	韩国	印度尼西亚	印度	澳大利亚	美国	加拿大	墨西哥
中国	2001 年	74.25	1.66	0.77	1.64	1.35	0.84	0.98	0.52	0.81	0.82
	2014 年	77.42	9.57	5.01	9.2	8.68	4.4	5.62	2.05	5.21	10.54
	变化	3.17	7.91	4.24	7.56	7.33	3.56	4.64	1.53	4.40	9.72
美国	2001 年	2.76	8.84	2.17	8.10	2.05	3.11	4.34	87.67	23.31	35.19
	2014 年	1.44	2.74	1.57	2.98	1.95	1.69	2.14	89.59	14.55	25.02
	变化	-1.32	-6.10	-0.60	-5.12	-0.10	-1.42	-2.20	1.92	-8.76	-10.17
日本	2001 年	4.95	13.10	89.95	9.35	6.65	2.50	2.69	2.18	2.99	5.52
	2014 年	1.93	6.33	76.92	4.27	4.43	1.07	1.05	0.71	1.44	3.22
	变化	-3.02	-6.77	-13.03	-5.08	-2.22	-1.43	-1.64	-1.47	-1.55	-2.30

注：表中的变化一栏是用2014年的数据减去2001年的数据得到的。

资料来源：根据WIOD数据库公布的世界投入产出表计算得到。

2. 中美日在亚太电子信息产品价值链的分工地位

由表5-4可以看到，2001～2014年中国在亚太国家（地区）电子信息产品价值链中的GH指数均有所提升，其中，在日本、韩国、中国台湾、印度尼西亚、墨西哥、加拿大和美国电子信息产品价值链中GH指数提升较大，升幅在0.10～0.19。同期，美国在多数亚太国家（地区）电子信息产品价值链中GH指数下降，其中，在中国和印度价值链中GH指数下降幅度较大，降幅分别为0.26和0.16。而日本在一半亚太国家（地区）电子信息产品价值链中地位下降，这些国家（地区）包括中国台湾、韩国、印度、美国和澳大利亚；

但日本在印度尼西亚价值链中的地位有较大提升，在中国、加拿大、墨西哥和本国电子信息产品价值链中的地位略有提升。可见，尽管中国与美国、日本在多数亚太国家（地区）电子信息产品价值链中的地位仍然存在差距，但是差距却明显缩小了，在印度电子信息产品价值链中，中国和日本已处于同等地位。

表 5 - 4   中美日在亚太国家电子信息产品价值链中的 GH 指数

		中国	中国台湾	日本	韩国	印度尼西亚	印度	澳大利亚	美国	加拿大	墨西哥
中国	2001 年	1.01	0.59	0.56	0.58	0.69	0.77	0.62	0.49	0.52	0.61
	2014 年	1.03	0.70	0.73	0.71	0.83	0.85	0.63	0.59	0.66	0.8
	变化	0.02	0.11	0.17	0.13	0.14	0.08	0.01	0.10	0.14	0.19
美国	2001 年	1.24	1.04	0.98	1.02	0.97	1.23	0.87	1.17	0.9	0.99
	2014 年	1.08	0.93	0.89	0.99	1.04	0.97	0.88	1.05	0.93	1.12
	变化	-0.16	-0.11	-0.09	-0.03	0.07	-0.26	0.01	-0.12	0.03	0.13
日本	2001 年	1.05	0.87	1.04	0.86	0.93	0.97	0.84	0.78	0.79	0.87
	2014 年	1.11	0.80	1.12	0.80	1.07	0.85	0.71	0.68	0.83	0.90
	变化	0.06	-0.07	0.08	-0.06	0.14	-0.12	-0.13	-0.10	0.04	0.03

注：表中的变化一栏是用 2014 年的数据减去 2001 年的数据得到的。

资料来源：根据 WIOD 数据库公布的世界投入产出表计算得到。

三、中美日在亚太机械设备价值链中的地位变迁

1. 中美日在亚太机械设备增加值中的贡献

由表 5 - 5 可以看到，2001 年中国对其他亚太国家（地区）机械设备增加值的贡献率较低，大大低于美国和日本。而 2014 年中国除了对加拿大和墨西哥机械设备增加值的贡献率小于美国，对其他亚太国家（地区）机械设备增加值的贡献率都超过美国和日本。其中，中国对印度尼西亚、中国台湾、韩国、澳大利亚机械设备增加值的贡献率增长较大，分别从 2001 年的 1.68%、2.09%、1.44% 和 0.90% 增加到 2014 年的 12.81%、8.23%、6.16% 和 6.01%。而美国和日本对亚太国家（地区）机械设备增加值的贡献率均有所

下降，其中，日本对本国、印度尼西亚和中国台湾机械设备增加值的贡献率下降较大，美国对本国、加拿大和印度尼西亚机械设备增加值的贡献率下降较大。

表5-5　中美日在亚太国家（地区）机械设备增加值中的占比情况

单位:%

		中国	中国台湾	日本	韩国	印度尼西亚	印度	澳大利亚	美国	加拿大	墨西哥
中国	2001年	85.25	2.09	0.65	1.44	1.68	0.56	0.90	0.42	0.52	0.37
	2014年	84.09	8.23	4.07	6.16	12.81	3.60	6.01	2.78	3.00	3.11
	变化	-1.16	6.14	3.42	4.72	11.13	3.04	5.11	2.36	2.48	2.74
美国	2001年	1.18	4.20	1.75	3.85	6.64	3.34	3.58	87.63	22.13	16.80
	2014年	1.08	2.79	1.43	2.53	2.97	1.94	2.83	82.5	14.7	14.47
	变化	-0.10	-1.41	-0.32	-1.32	-3.67	-1.40	-0.75	-5.13	-7.43	-2.33
日本	2001年	2.70	11.72	91.39	6.11	12.76	2.40	2.36	1.79	1.73	2.76
	2014年	1.19	7.74	80.65	3.48	5.89	1.04	1.21	1.13	0.92	1.75
	变化	-1.51	-3.98	-10.74	-2.63	-6.87	-1.36	-1.15	-0.66	-0.81	-1.01

注：表中的变化一栏是用2014年的数据减去2001年的数据得到的。
资料来源：根据 WIOD 数据库公布的世界投入产出表计算得到。

2. 中美日在亚太机械设备价值链中的地位

从表5-6可以看到，2001~2014年中国在其他亚太国家（地区）机械设备价值链中的 GH 指数提升较大，升幅均在0.2左右，其中，中国在中国台湾和韩国机械设备价值链中 GH 指数提升了0.25左右。而美国在多数亚太国家（地区）机械设备价值链中的 GH 指数均有所下降，特别是在印度、中国和日本机械设备价值链中的 GH 指数下降较大，分别从2001年的1.11、1.12、0.91下降为2014年的0.89、1.00和0.79。日本在本国、中国、加拿大和印度尼西亚机械设备价值链中的地位有一定上升，在其他亚太国家（地区）机械设备价值链中的 GH 指数略有下降或变化不大。总体来看，中国与美国在亚太机械设备价值链的地位仍有较大差距，但与之前相比差距已经大大缩小。中国与日本在部分亚太国家和地区机械设备价值链中的地位有一定差距，而在部分亚太国家或地区（如中国台湾、韩国和墨西哥）机械设备价值链中的地位已十分接近，在印度机械设备价值链上中国的地位甚至超过了日本。

表 5-6 中美日在亚太国家机械设备价值链中的 GH 指数

		中国	中国台湾	日本	韩国	印度尼西亚	印度	澳大利亚	美国	加拿大	墨西哥
中国	2001 年	1.05	0.51	0.48	0.37	0.72	0.51	0.49	0.48	0.37	0.44
	2014 年	1.06	0.79	0.66	0.61	0.82	0.71	0.69	0.65	0.59	0.66
	变化	0.01	0.28	0.18	0.24	0.10	0.20	0.20	0.17	0.22	0.22
美国	2001 年	1.12	1.15	0.91	0.95	1.11	1.11	0.98	1.05	0.80	0.75
	2014 年	1.00	1.09	0.79	0.93	1.01	0.89	0.96	1.08	0.79	0.81
	变化	-0.12	-0.06	-0.12	-0.02	-0.1	-0.22	-0.02	0.03	-0.01	0.06
日本	2001 年	0.84	0.83	1.04	0.65	1.03	0.78	0.77	0.81	0.65	0.69
	2014 年	1.01	0.80	1.12	0.65	1.09	0.69	0.79	0.79	0.77	0.67
	变化	0.17	-0.03	0.08	0.00	0.06	-0.09	0.02	-0.02	0.12	-0.02

注：表中的变化一栏是用 2014 年的数据减去 2001 年的数据得到的。

资料来源：根据 WIOD 数据库公布的世界投入产出表计算得到。

四、中美日在亚太运输设备价值链中的地位变迁

1. 中美日在亚太运输设备增加值中的贡献

从表 5-7 可以看到，2001 年中国对其他亚太国家（地区）运输设备增加值中的贡献率多数在 1% 以下，大大低于美国和日本。2014 年中国对亚太国家（地区）运输设备增加值的贡献率提升幅度较大，对多数亚太国家（地区）运输设备增加值的贡献率已超过美国和日本。其中，中国对中国台湾和韩国运输设备增加值的贡献率在 6% 以上，提升幅度超过 5%；中国对印度、澳大利亚、日本和墨西哥运输设备增加值的贡献率在 4% 左右，提升幅度在 3% 以上。而日本和美国对多数亚太国家或地区运输设备增加值的贡献率下降，其中，日本对本国运输设备增加值的贡献率下降了 13%，对印度尼西亚、中国台湾和韩

国运输设备增加值的贡献率下降了3%～8%，而美国对本国和墨西哥运输设备增加值的贡献率下降较大，降幅在5%以上。

表5-7　中美日在亚太国家运输设备价值链中增加值的占比　　　单位:%

		中国	中国台湾	日本	韩国	印度尼西亚	印度	澳大利亚	美国	加拿大	墨西哥
中国	2001 年	84.77	1.34	0.66	1.49	0.91	0.56	0.92	0.45	0.49	0.46
	2014 年	85.26	6.58	3.93	6.49	2.60	4.31	4.94	3.20	3.44	3.97
	变化	0.49	5.24	3.27	5.00	1.69	3.75	4.02	2.75	2.95	3.51
美国	2001 年	1.45	3.27	1.64	4.42	1.47	2.62	5.16	84.34	29.92	24.58
	2014 年	1.01	4.01	1.93	2.97	0.76	2.03	4.18	78.23	27.31	18.70
	变化	-0.44	0.74	0.29	-1.45	-0.71	-0.59	-0.98	-6.11	-2.61	-5.88
日本	2001 年	2.76	10.83	91.44	6.40	10.8	3.27	4.28	2.61	2.53	3.59
	2014 年	1.27	6.92	77.77	3.52	3.21	1.41	2.62	1.92	2.72	2.52
	变化	-1.49	-3.91	-13.67	-2.88	-7.59	-1.86	-1.66	-0.69	0.19	-1.07

注：表中的变化一栏是用2014年的数据减去2001年的数据得到的。
资料来源：根据WIOD数据库公布的世界投入产出表计算得到。

2. 中美日在亚太运输设备价值链中的地位

由表5-8可以看到，2001～2014年中国在其他亚太国家（地区）运输设备价值链中的地位均有较大幅度的提升，其中，中国在中国台湾、日本、韩国、印度、美国、加拿大和墨西哥运输设备价值链中的GH指数提升幅度都在0.2左右。而同期日本除了在本国、中国大陆和加拿大运输设备价值链中的GH指数有一定提升，在其他亚太国家（地区）运输设备价值链中的GH指数略有下降或变化不大。2001～2014年美国在中国和印度运输设备价值链中的地位下降较大，在中国台湾和加拿大运输设备价值链中的地位有一定提升，在其他亚太国家运输设备价值链中的地位变化不大。总体来看，在亚太国家运输设备价值链中，中国与美日的地位差距大大缩小，其中，中国和日本在部分国家和地区（如中国台湾和韩国）运输设备价值链中的地位已十分接近。

表5-8　中美日在亚太国家运输设备价值链中的地位

		中国	中国台湾	日本	韩国	印度尼西亚	印度	澳大利亚	美国	加拿大	墨西哥
中国	2001 年	1.04	0.47	0.48	0.37	0.48	0.57	0.53	0.51	0.43	0.49
	2014 年	1.05	0.72	0.67	0.61	0.59	0.81	0.65	0.70	0.68	0.69
	变化	0.01	0.25	0.19	0.24	0.11	0.24	0.12	0.19	0.25	0.20
美国	2001 年	1.17	1.03	0.90	0.98	0.78	1.15	1.10	1.05	0.88	0.91
	2014 年	0.98	1.15	0.92	1.00	0.72	1.02	1.04	1.08	0.98	0.93
	变化	-0.19	0.12	0.02	0.02	-0.06	-0.13	-0.06	0.03	0.10	0.02
日本	2001 年	0.87	0.84	1.04	0.68	0.88	0.98	1.00	0.88	0.80	0.88
	2014 年	1.02	0.80	1.13	0.64	0.86	0.92	1.00	0.91	1.01	0.85
	变化	0.15	-0.04	0.09	-0.04	-0.02	-0.06	0.00	0.03	0.21	-0.03

注：表中的变化一栏是用 2014 年的数据减去 2001 年的数据得到的。

资料来源：根据 WIOD 数据库公布的世界投入产出表计算得到。

第二节　研究结论

通过对中美日在亚太国家（地区）制造业价值链中增加值贡献以及地位变迁的分析，我们得出以下结论：

第一，2001～2014 年中国对亚太国家（地区）制造业产品增加值的贡献大幅提升，对多数亚太国家（地区）制造业产品增加值的贡献已大大超过美国和日本，中国对亚太价值链的影响力逐步增强，亚太各国（地区）制造业对中国的依赖度大大增强；美国和日本对亚太国家（地区）制造业增加值的贡献率下降较大，区域影响力削弱，亚太各个国家和地区和制造业对美国和日本的依赖程度大大降低。

第二，尽管美国和日本在亚太制造业价值链中仍然占据绝对优势地位，中国在亚太价值链中仍处于中低端位置，但中国在亚太国家（地区）和制造业价值链中的地位提升幅度较大，而美国和日本在亚太国家（地区）和制造业价值链中的地位总体下降，特别是美国在中国和印度制造业价值链中的地位下降幅度较大。中国与美国、日本在亚太国家（地区）制造业价值链中的地位不断拉近，其中，中国与日本在部分亚太国家（地区）电子信息产品、机械设备、运输设备价值链中的地位已十分接近，在个别国家（如印度）电子信息产品和机械设备价值链中，中国已和日本处于同等地位甚至超过日本。

基于以上研究结论，我们认为中国在亚太价值链竞争中具有较大的优势和发展潜力，中国重构亚太价值链有着坚实的基础。因此，中国应积极调整国际经济战略，主动参与国际经贸规则制定，积极参与重构亚太价值链。

第六章　国内需求与新兴市场需求对价值链地位的影响

——基于对电子信息产品全球价值链的实证研究

目前，从国内需求和新兴市场需求角度研究价值链地位影响因素的文献还很鲜见，而国内市场的重要作用是它可以拉动国内企业的投资和创新，使企业在竞争中获得较强竞争力，新兴市场需求则为国内企业的功能升级提供了可能。基于此，本章以电子信息产品价值链为研究对象，分析了国内需求和新兴市场需求对价值链地位的影响。本章的主要创新在于：一方面，采用"价值链高度指数"测算价值链地位。因为该指标可以反映一国知识密集型制造业和服务业对制造业产品附加值的贡献，所以，能够较准确地描述各国的价值链地位。另一方面，运用跨国面板数据，将国内需求和新兴市场需求同时纳入模型，检验市场需求对价值链地位的影响。

第一节　市场需求对价值链地位影响的理论分析

一、国内需求通过引发技术创新影响价值链升级

"需求引致创新"理论指出，创新来源于消费者需求。企业创新活动往往起始于消费者对技术和产品的需求信息，为满足消费需求，企业不断运用新的工艺和技术以使原有产品得到改造或者生产适应需求的新产品①。Schmookler

---

① 李平，田朔. 市场需求对技术创新的门限特征分析［J］. 经济问题探索，2014（10）：18－26.

J. （1972）考察了 19 世纪初到 20 世纪中期美国几个产业的投资与创新活动，结果表明投资和专利很大程度上具有同步性，投资更多是先于专利发生。由此他认为，投资方向取决于消费需求，而市场需求的增长导致了技术创新。所以，他的结论是市场需求对技术创新具有推动作用①。Myers 和 Marquis（1969）对 567 项技术创新案例进行了研究，结果表明，创新活动中有 3/4 是开始于市场需求的，由技术本身发展推动创新的只占 1/4②。Geroski Walter（1996）研究了技术创新的影响因素，结果显示，相对于供给拉动来说，技术创新与市场需求推动的关系更加紧密③。

二、国内需求以市场规模支持价值链升级

技术创新的出发点是市场，而市场也使技术创新的利润得以实现，当市场需求的规模增加到一定程度时，企业的销售和收入也会相应增加，这将进一步拉动和激励企业的创新活动。Nelson 和 Winter（1982）认为，随着市场需求增加，企业将扩大生产以获取更高利润，而企业研发效率越高，其利润增长也越快，因此，市场规模扩大会使鼓励企业进行技术创新以获取更大的利润。国内市场需求越大，新技术投入市场后的扩散效应也越大，企业回报也越丰厚，这将进一步对企业 R&D 投入的增加产生激励④。Bottazzi 和 Perri（1999）研究表明，国内需求规模越大，新产品的单位开发成本、营销成本和风险就越小，市场需求持续的时间也越长，这些将有力地支持企业的技术创新，并将促进价值链升级（Bottazzi and Peri，1999）⑤。

---

① Schmookler J. Patents, Invention and Economic Change ［C］//Data and Selected Essays. Harvard University Press，1972.

② Myers S. ，Marquis G G. Successful Industrial Innovation：A Study of Factors Underlying Innovation in Selected Firms ［M］. Alexandria：National Science Foundation （U. S. ），1969.

③ Geroski P. A. ，Van Reenen J. M. ，Walters C. F. Innovation，Patents and Cash Flow ［J］. CEPR Discussion Paper Series 1432，1996.

④ Nelson R. R. ，Winter S. G. An Evolutionary Theory or Economic Change ［M］. Cambridge：Harvard University Press，1982.

⑤ Bottazzi L. ，Peri G. Innovation，Demand and Knowledge Spillovers：Theory and Evidence from European Regions ［R］. Bocconi University Working Papers 153，1999.

三、国内市场需求通过收入效应推动价值链升级

随着一国经济发展水平提高和产品产量增加，国民收入水平也相应提升。人均收入的提高，使需求结构逐步发生变化，高品质、高层次的产品成为人们的追求方向。更挑剔的消费者要求企业专注于产品设计、质量以及生产流程，企业显然会有更大的压力来改进和创新产品和服务，同时消费者的更高要求也是企业采用先进技术、提升产品和服务质量的动力，这推动它们迅速进行产品改进和更新换代[①]。可见，伴随着收入的提高，市场对新产品的潜在需求也越来越大，抢先进行技术创新，企业就更容易占领市场，潜在的利润空间也更大，这将促使企业采用新技术，并导致价值链升级。

四、国内消费者与生产者的互动导致了产品升级和过程升级

开始时，虽然潜在的市场需求激励了企业对新产品或新功能的创新活动，然而，还不够成熟的技术基础知识使产品的质量与功能无法满足顾客的需求。当创新产品的功能水平突破了临界值后就会迅速提升，相应地消费者对新产品的购买意愿也迅速增长。在这期间，创新与需求彼此刺激和引导，即功能创新不断诱导和刺激需求结构和方向发生变化，而消费者需求也不断引导生产者改进功能和持续创新。在某些情况下，品质要求较高的消费者常常与生产者共同设计开发新产品，Von Hippel（2005）称之为消费者驱动创新[②]，如肯尼亚移动电话的消费者与生产者互动，导致了产品升级和过程升级[③]。

五、国外需求为价值链升级提供了机会

一方面，出口商可以从进口商那里得到技术支援，并通过进口商获得与国外的供应商、技术研发人员直接接触的机会；另一方面，国外消费需求的异质

---

① 周怀峰. 国内市场需求对技术创新的影响 [J]. 中南财经政法大学研究生学报，2008（5）：75 – 79.

② Von H. E. Democratizing Innovation [M]. Boston: MIT Press, 2005.

③ Foster C., Heeks R. Innovation and Scaling of ICT for the Bottom – of – the – Pyramid [J]. Journal of Information Technology, 2013, 28（4）: 296 – 315.

性导致了市场规模的扩大，当外国消费者偏爱的产品所采用的技术比国内出口商采用的技术更高时，就会激励国内出口商在生产中引入更先进的技术。对中国台湾的一个案例分析显示，进入出口市场能够刺激企业提高技术水平。Blalock 和 Gertler（2004）发现，印度尼西亚的出口商能够从外国客户那里得到设计和技术方面的能力①。Salmon 和 Shaver（2005）指出，企业通过贸易中介、国外消费者反馈和其他国外机构、国内出口商，可以更方便地得到各种竞争产品和消费者偏好方面的信息，从而会加快技术改进与创新，他们认为进入国外市场是企业为技术创新获得信息、提升核心竞争力的战略行为②。Alborno 和 Ercolani（2007）则认为，企业通过出口能够接触到可以提高其生产率的信息知识，但是其生产率的提高只有在这些先进的技术、知识被消化吸收后才能实现③。

然而，对发达国家的出口可能会限制发展中国家升级的可能，这是因为决策和高附加值的功能都由发达国家跨国公司总部完成，发展中国家供应商在决策营销和与消费者沟通方面没有自主权，此外，原料采购也由总部进行，从而限制了与本土的联系。

相比传统市场，新兴市场的消费者对价格较为敏感，技术标准相对较低，可能有助于发展中国家企业在设计、品牌和营销等方面提高自身能力④；此外，由于发展中国家的企业更了解发展中国家的消费者，能够适应他们的特殊要求，因此，它们具有提供和设计产品方面的优势，这为功能升级提供了可能⑤。Kadarusman（2013）的案例研究表明，部分印尼企业没有嵌入发达国家

① Blalock G. , Gertler P. . Learning from Exporting Revised in a Less Developed Country Setting [J]. Journal of Development Economics, 2004, 75 (2): 397 – 416.

② Salomon R. M. , Shaver J. M. . Learning by Exporting: New Insights from Examining Firm Innovation [J] . Journal of Economics and Management Strategy, 2005, 14 (2): 431 – 460.

③ Albornoz F. , Ercolani M. . Learning by Exporting: Do Firm Characteristics Matter? Evidence from Argentinian Panel Data [J] . Discussion Papers of University of Birmingham No. 07 – 17, 2007.

④ Foster C. , Heeks R. . Innovation and Scaling of ICT for the Bottom – of – the – Pyramid [J] . Journal of Information Technology, 2013, 28 (4): 296 – 315.

⑤ Gereffi G. , Frederick S. . The Global Apparel Value Chain, Trade and the Crisis: Challenges and Opportunities for Developing Countries [J] . The World Bank Development Research Group Trade and Integration Team, Policy Research Working Paper, 2010, No. 5281.

主导的 GVC，而是通过发展本国市场和新兴市场，提高了创新能力，实现了功能升级①。

基于上述文献和理论分析，本章提出两个待验假设：

待验假设 1：国内需求对于价值链地位的攀升有一定的正向作用。

待验假设 2：新兴市场需求对价值链地位的提升有正向影响。

第二节 电子信息产业全球价值链的治理模式与中国的嵌入模式

一、全球价值链治理模式

在全球价值链上，主导者企业不仅有明确的市场优势，而且会根据具体情况制定一系列的运作规则及标准，如产品的质量、技术规格、工艺流程、包装等，从而形成了对应的治理模式，同时这些要素也构成了价值链的进入壁垒，嵌入价值链中的被领导者只能在接受这些规则和标准的前提下实现自己的利益，并不断探寻自身在全球价值链上的升级之路②。

目前，世界各国学者普遍认同和推崇的全球价值链治理模式类型是由 Gereffi、Humphrey 和 Sturgeon（2003）提出的五种分类：①市场型，在该种类型的价值链中不存在任何治理结构，属于纯粹的市场关系；②模块型，主导企业和下属公司基本处于平等合作的关系；③关系型，企业间拥有比市场型关系更强的信任和承诺，通过非正式的契约进行治理；④领导型，采购商对供应商高度控制；⑤层级型，采购商对供应商完全控制，将其并入同一个公司管辖中。而该分类方式的决定因素有三个，分别是交易的复杂程度、信息的可识别

---

① Kadarusman Y. , Nadvi K. . Competitiveness and Technological Upgrading in Global Value Chains：Evidence from the Indonesian Electronics and Garment Sectors ［J］. European Planning Studies, 2013, 21, (7): 1007 – 1028.

② 刘念. 全球价值链视角下我国通信设备制造业升级策略研究 ［D］. 浙江大学硕士学位论文, 2015.

性以及供应商的供应能力。

从全球层面看，全球电子信息产业价值链的治理模式，从美日欧到中国台湾、韩国和新加坡的分工是模块型，从中国台湾、韩国和新加坡到中国的分工是领导型。中国电子信息产业目前主要处于由领先公司治理的领导型治理模式中，是以几个大型主导企业周围围绕一批中小型配套或协力企业为主要特征；同时逐渐向着模块型或网络型模式演化，中国的主要电子信息厂商也开始摆脱过去长期处于被控制的地位，转而升级成为大采购商和生产者。

二、中国电子信息产业嵌入全球价值链的模式

根据企业的定位以及在价值链中所处环节的不同，中国电子信息产业的企业嵌入全球价值的模式大致可分为 OEM、ODM、OBM 三种。三者在价值链上的区分如图 6 - 1 所示。

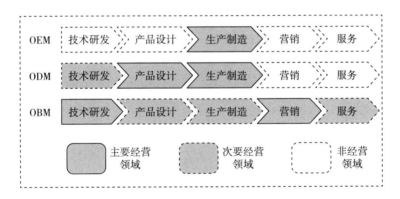

图 6 - 1 OEM、ODM 和 OBM 的比较①

OEM（Original Equipment Manufacturing）即原始设备制造，也叫"贴牌生产"或"代工生产"，采用这种模式的企业即为代工企业，负责产品的生产环节。通常委托方利用自己所具备的核心专长设计产品、制定产品规范和标准，甚至指定产品生产的原材料或零部件，代工企业则根据委托方的标准和要求生

---

① 谭高. OEM 企业转型能力与转型模式选择研究［D］. 河北经贸大学硕士学位论文，2014.

产产品，再冠以委托方的品牌进行销售。中国电子信息产业的 OEM 企业主要分布在珠三角、长三角地区，主要包括外资企业和国内的民营中小企业。

ODM（Original Design Manufacturing）即原始设计制造，采用这种模式的代工企业不同于 OEM 模式，不仅负责产品的生产，而且负责产品的设计。通常委托方利用自己的核心专长，尤其是品牌和渠道方面的独特优势，将产品的部分或全部设计活动外包给代工企业负责，代工企业则根据委托方的要求设计并生产精准的产品，再冠以委托方的品牌进行销售。许多学者认为 ODM 模式是 OEM 企业升级成为 OBM 企业的中间模式。

OBM（Own Brand Manufacturing）即自主品牌制造，采用这种模式的企业属于自主品牌型企业，该类企业除了负责产品的生产外，还创建独立的品牌，并通过自己构建的渠道参与市场竞争。也就是说，这类企业除了生产产品外，还负责研发和销售，占据价值链的重要环节，因而利润回报很高。目前中国国内的大型 OBM 企业有华为、联想、中兴、海尔等知名企业。

第三节　主要国家或地区在电子信息
产品 GVC 中的分工地位

本章选取 20 个经济体来分析它们在电子信息产品 GVC 中的分工地位，从这 20 个经济体的构成看，既包含美国、法国、德国、日本等发达国家，又包含中国、俄罗斯、巴西、印度等新兴经济体和其他发展中国家，因而样本的选取具有科学性和代表性。

表 6-1 是 20 个主要国家或地区 1995～2011 年在其本国电子信息产品 GVC 中的 GH 指数，其中，美国位列第一，其 GH 指数从 1995 年的 1.080 大幅攀升到 2011 年的 1.463，说明其价值链地位最高且提升较快。比利时和德国的 GH 指数仅次于美国，在 1.3 以上，奥地利、韩国、瑞典和英国的 GH 指数也较高，大于 1.2，而且均有一定提升，它们位于价值链分工体系的高端。日本、法国和荷兰的 GH 指数大于 1，但变化不大，处于价值链的中端。发展中

国家和地区中 GH 指数大于 1 的有中国台湾、巴西、印度尼西亚和墨西哥，它们位于价值链的中端，其中，在研究期间内，中国台湾的 GH 指数提升相对较大，巴西的 GH 指数有小幅提升，印度尼西亚则有所下降。GH 指数小于 1 的分别是俄罗斯、中国和印度，它们位于价值链的低端，其中，中国的 GH 指数有小幅提升，印度的 GH 指数大幅下降，从 1995 年的 1.059 下降到 2011 年的 0.846，俄罗斯的 GH 指数也有所下降。

表 6 - 1　主要国家或地区在电子信息产品全球价值链中的 GH 指数

	中国	日本	美国	德国	澳大利亚	法国	加拿大	英国	意大利	荷兰
1995 年	0.841	1.053	1.080	1.201	0.999	1.077	1.058	1.115	1.022	1.063
2000 年	0.859	1.054	1.115	1.182	1.065	1.083	1.056	1.073	1.032	1.066
2005 年	0.837	1.073	1.243	1.229	1.110	1.112	1.064	1.134	1.078	1.000
2010 年	0.854	1.064	1.445	1.298	1.155	1.050	1.095	1.221	1.140	1.093
2011 年	0.867	1.087	1.463	1.323	1.182	1.066	1.120	1.235	1.150	1.093

	瑞典	比利时	奥地利	中国台湾	韩国	俄罗斯	印度	巴西	印度尼西亚	墨西哥
1995 年	1.070	1.284	1.223	0.960	1.168	0.949	1.059	0.979	1.197	0.991
2000 年	1.037	1.168	1.219	1.041	1.193	0.904	0.859	0.951	0.961	1.084
2001 年	0.998	1.181	1.221	1.036	1.200	0.844	0.887	0.989	0.980	1.106
2005 年	1.207	1.232	1.234	1.036	1.200	0.892	0.839	0.932	0.979	0.987
2010 年	1.222	1.318	1.266	1.053	1.260	0.877	0.835	1.038	1.095	1.005
2011 年	1.244	1.335	1.289	1.046	1.288	0.896	0.846	1.057	1.107	1.024

资料来源：根据 WIOD 数据库世界投入产出表计算得到。

第四节　电子信息产品 GVC 地位影响因素的实证研究

一、模型的构建

本章在理论分析框架下，构建模型来分析国内需求和新兴市场需求对电子信息产品价值链地位的影响，我们选择人力资本、贸易开放度、生产分割度以及知识密集型服务投入作为控制变量进行实证研究（见表 6 - 2）。

表 6 - 2　变量定义与数据来源

变量代码	变量名称	变量定义	数据来源
GH	价值链高度指数	一国电子信息产品 GVC 中国内附加值中知识密集型制造业和服务业的贡献率，与世界制造业产品附加值中知识密集型制造业和服务业的贡献率的比率	WIOD 数据库
DD	国内需求	各国电子信息产品最终需求中国内需求的比例	WIOD 数据库
DX	新兴市场需求	各国电子信息产品最终需求中新兴经济体需求所占的比例	WIOD 数据库
LH	人力资本	各国电子信息产品 GVC 就业人数中高素质 GVC 就业人数占比	WIOD 数据库
EX	贸易开放度	各国电子信息部门的出口额占该部门总产值之比	WIOD 数据库
SLIC	生产分割度	电子信息产品进口中间投入品与该部门总出口之比	WIOD 数据库
KSER	知识密集型服务投入	电子信息产品生产中国内知识密集型服务业投入占国内中间投入比例	WIOD 数据库

第一，国内需求。本章选择各国电子信息产品最终需求中国内需求所占比例（DD）为衡量指标。基于前文的分析，本书假设：国内需求对价值链升级具有正效应。

第二，新兴市场需求。依据英国《经济学家》对新兴经济体的分类，同时考虑数据可得性，本书研究的新兴经济体包括中国、巴西、印度、俄罗斯、墨西哥、韩国、波兰、土耳其和印度尼西亚。本章选择各国电子信息产品最终需求中新兴经济体需求所占比例（DX）为衡量指标，并假设：新兴市场需求对于价值链升级具有正效应。

第三，人力资本。许多学者的研究已经表明，人力资本是产业升级的重要决定因素，在新的经济条件下，制造业不仅十分依赖中等素质劳动力，更加依赖高素质劳动力，这是由于高素质劳动力既能使制造业成本下降[①]，同时对企业创新和核心竞争力提升也发挥着重要作用。本章采用各国电子信息产品 GVC

---

① Trevor A. Factor Endowments and lndustrial structure ［J］. Review of International Economies，2006，14（1）：30 - 53.

就业①人数中高素质 GVC 就业人数占比（LH）为衡量指标。本章定义 $p_i^{lh}(s)$ 为 i 国电子信息产品单位总产出的高素质劳动力人数，用 $p_i^{lh}(s)$ 替代前文公式 $v = \hat{p}(I-A)^{-1}f$ 中的 $p_i(s)$②，得到 i 国电子信息产品 GVC 就业中高素质劳动力数量③，高素质劳动力指大学以上文化的劳动者。本书假设：人力资本对于价值链升级具有正效应。

第四，贸易开放度。较高的贸易开放度有助于提高产品竞争力，降低中间品成本、鼓励创新并提高生产率。但是，由于发展中国家的出口贸易大多以加工贸易为主，快速增长的出口贸易只能刺激和拉动企业不断扩大出口规模以维持较高的增长率④，而非通过研发创新和产业升级的方式来获得竞争优势和持续快速增长。本章采用各国电子信息产品出口额占该部门总产值之比（EX）为衡量指标，并假设：贸易开放度对发达国家价值链升级具有正效应，对于发展中国家价值链升级具有负效应。

第五，生产分割度。生产分割本质是发达国家跨国公司将非核心生产环节向发展中国家外包或通过 FDI 方式进行转移，同时紧紧掌控核心技术与销售环节。于是，形成了发达国家把控着知识和资本密集型制造和服务环节，占据着全球价值链的高端，而发展中国家只能从事劳动和资源密集型生产环节，被锁定在产品和工艺升级层面，其功能升级和产业间升级尤为艰难的国际分工体系⑤。本章采用姚博和魏玮（2012）的计算方法，选取各国电子信息产品进口中间投入品与电子信息产品总出口的比例（SLIC）为衡量指标，并假设：生产分割度对发达国家价值链升级具有正效应，对发展中国家价值链升级具有负效应。

第六，知识密集型服务投入。知识密集型服务投入是以知识技术为基础的

---

① GVC 就业是指一国直接或间接参加某最终产品生产的劳动力数量。

② $\hat{p}$ 为增加值矩阵，$p_i(s)$ 是该矩阵对角线上的元素，即向量 p 的元素。

③ Timmer M. P., Los B., Stehrer R., De Vries G. J.. Fragmentation, Incomes and Jobs. An Analysis of European Competitiveness [R]. GGDC Research Memorandum. Groningen: Groningen Growth and Development Centre, University of Groningen, 2013, GD-130.

④ 沈利生，王恒. 增加值率下降意味着什么 [J]. 经济研究，2006（3）：59-67.

⑤ 马红旗，陈仲常. 我国制造业垂直专业化生产与全球价值链升级的关系基于全球价值链治理视角 [J]. 南方经济，2012（9）：83-92.

研发、设计、咨询、销售等服务业中间投入，价值链地位与知识密集型服务投入密切相关。知识密集型服务业通过与制造业的融合，推动制造业创新能力提升[1]，此外，知识密集型服务业还会对制造业产生知识溢出、劳动力池、中间投入品共享[2]几方面的正效应。本章选取各国电子信息产品生产中国内知识密集型服务业投入占国内中间投入的比例（KSER）为指标，并假设：知识密集型服务投入对价值链升级具有正效应。

变量定义与数据来源如表 6 - 2 所示，具体的计量回归模型如下：

$$\ln GH_t = C + \beta_1 \ln DD_t + \beta_2 \ln LH_t + \beta_3 \ln EX_t + \beta_4 \ln SLIC_t + \beta_5 KSER_t + \beta_6 \ln DX_t +$$
$$\alpha + U_t \qquad\qquad (6-1)$$

其中，i 表示各国家或地区，t 表示年份，GH 表示"价值链高度指数"，DD、LH、EX、$SLIC$、$KSER$、DX 分别对应于国内需求、人力资本、贸易开放度、生产分割度、知识密集型服务投入、新兴市场需求 6 个影响因素，回归方程中还加入了行业固定效应 α。考虑到发展中国家国内需求的长期效应，本章在发展中国家模型中加入国内需求的平方项 DD_t^2。

$$\ln GH_t = C + \beta_1 \ln DD_t + \beta_2 \ln DD_t^2 + \beta_3 \ln LH_t + \beta_4 \ln EX_t + \beta_5 \ln SLIC_t + \beta_6 KSER_t +$$
$$\beta_7 \ln DX_t + \alpha + U_t \qquad\qquad (6-2)$$

由于面板数据能够对不同个体进行控制、避免有偏估计、能更好地识别和测量一些效应，本章首先采用面板数据模型。

二、描述性统计

表 6 - 3 是变量的描述性统计结果，其中，DD 的最小值为 0.0458，最大值为 0.9581，表明各国电子信息产品国内需求占总需求的比例存在巨大差异。DX 的最小值为 0.0017，最大值为 0.3072，说明各国电子信息产品最终需求中新兴经济体需求所占比例也有一定差别。此外，各国在人力资本、国内需求、知识密集型服务投入、生产分割度和贸易开放度方面均存在较大差异，这些差

---

① 白清. 生产性服务业促进制造业升级的机制分析——基于全球价值链视角 [J]. 财经问题研究，2015（4）：17 - 24.

② Marshalla. Principles of Economics [M]. London：Macmillan，2012.

异为我们从经验上识别各影响因素与价值链地位的内在关系提供了良好条件。

表 6 - 3　变量的描述性统计结果

变量	观测个数	均值	标准差	最小值	中位数	最大值
GH	340	1.0813	0.1279	0.8240	1.0780	1.4634
DD	340	0.4336	0.2751	0.0458	0.3674	0.9581
EX	340	0.5345	0.2592	0.0599	0.5503	0.9499
LH	340	0.1808	0.0946	0.0262	0.1599	0.4626
SLIC	340	0.4693	0.2379	0.1424	0.4011	1.4168
DX	340	0.0727	0.0583	0.0017	0.0638	0.3072
KSER	340	0.1687	0.0942	0.0067	0.1592	0.3955

三、实证结果分析

经样本筛选后整理得到 20 个国家 1995 ~ 2011 年 17 个年份的面板数据，本书采用 Eviews6.0 对面板数据进行回归。先估计整体数据，然后再估计发达国家和发展中国家的数据，其中，模型（1）、模型（3）、模型（5）的解释变量包括国内需求、人力资本、贸易开放度、生产分割度和知识密集型服务投入，模型（2）、模型（4）、模型（6）增加了新兴市场需求变量，模型估计结果如表 6 - 4 所示。从估计的结果看，模型具备较高的拟合度和 F 值，表明总体回归效果较好。采用 Hausman 检验，除了发达国家模型（3）和模型（4）以外，其他模型的 p 值均低于 0.05，即拒绝原假设，表明选用固定效应模型具有合理性。对发达国家模型进行 Hausman 检验，其 p 值大于 0.05，说明接受固定效应模型与随机效应模型存在系统差异的假设，因此确定采用随机效应模型，随机效应模型估计结果如表 6 - 5 所示。其实，不管是随机效应模型还是固定效应模型，所得到的结果相似。

表 6 - 4　面板数据的固定效应模型回归结果

变量	总体模型		发达国家模型		发展中国家模型	
	（1）	（2）	（3）	（4）	（5）	（6）
常数项	0.848 *** (9.911)	0.848 *** (9.908)	0.203 ** (1.816)	0.248 *** (8.530)	1.410 *** (17.820)	1.388 (17.466)

续表

变量	总体模型		发达国家模型		发展中国家模型	
	（1）	（2）	（3）	（4）	（5）	（6）
国内需求 （DD）	0.173** (2.050)	0.182** (2.139)	0.787*** (7.496)	0.768*** (28.700)	-0.517*** (-4.378)	-0.498*** -4.229
国内需求平方 （DD^2）					0.263*** (2.844)	0.253*** (2.750)
高素质劳动力 （LH）	0.485*** (4.825)	0.413*** (3.411)	0.239** (2.217)	0.161*** (3.590)	0.609*** (5.415)	0.756* (4.29)
贸易开放度 （EX）	-0.103 (-1.086)	-0.113 (-1.182)	0.838*** (7.496)	0.841*** (27.825)	-0.669*** (-8.804)	-0.655*** (-8.578)
生产分割度 （SLIC）	-0.052 (-1.555)	-0.054 (-1.629)	-0.174** (-2.055)	-0.249*** (-13.591)	-0.128*** (-4.474)	-0.130*** (-4.474)
知识密集型服务 业投入（KSER）	0.886*** (5.883)	0.935*** (5.830)	0.594*** (3.384)	0.692*** (15.299)	0.370** (2.120)	0.380** (2.173)
新兴市场需求 （DX）		0.104 (0.890)		0.074 (1.525)		-0.062 (-0.335)
观测值数量	340	340	204	204	119	119
R^2	0.860	0.861	0.859	0.992	0.949	0.949
DW	0.529	0.529	0.708	1.823	1.242	1.235
F 值	80.959***	77.702***	71.242***	1321.005***	163.17***	150.039***
Hausman 检验	13.379**	13.274**	2.755	2.676	244.005***	

注：*、**和***分别表示显著性水平为10%、5%和1%。

表6-5　发达国家面板数据的随机效应模型回归结果

变量	（7）	（8）
常数项	0.204* (1.630)	0.209* (9.908)
国内需求（DD）	0.792*** (6.539)	0.791** (2.139)

续表

变量	（7）	（8）
高素质劳动力（LH）	0.265 ** （2.095）	0.228 * （1.601）
贸易开放度（EX）	0.873 *** （6.490）	0.851 *** （6.118）
生产分割度（SLIC）	− 0.222 ** （− 2.378）	− 0.223 ** （− 2.384）
知识密集型服务业 投入（KSER）	0.640 *** （3.614）	0.674 *** （3.620）
新兴市场需求（DX）		0.113 （0.625）
观测值数量	204	204
R^2	0.473	0.475
DW	0.543	0.544
F 值	35.584 ***	29.782 ***
Hausman 检验	3.088	2.988

注：*、** 和 *** 分别表示显著性水平为 10%、5% 和 1%。

从总体模型（1）看，国内需求对价值链地位的正面影响显著，系数为0.173，说明国内需求通过引发技术创新、消费者与生产者互动以及扩大市场规模推动了价值链升级。知识密集型服务业对价值链地位的影响较大，系数为0.886，可见，知识密集型服务业由于能够优化人力资本和具有高技术的溢出效应，较大程度地促进了价值链地位的提升。此外，高素质劳动力对价值链地位的正向影响也十分显著，系数为0.485，表明人力资源禀赋也是分工地位提升的主要驱动力。贸易开放度和生产分割对价值链地位的影响为负，但均不显著。总体模型（2）加入了新兴市场需求变量，我们发现新兴市场需求的系数为正，但影响不显著。

从发达国家模型（7）来看，国内需求对价值链地位的正向影响也十分显著，其系数为0.792，大大高于总体模型的系数，这说明发达国家由于居民收入较高、市场需求较大，消费者对产品和技术要求较高，因此，国内需求大大推动了技术创新，促进了其价值链地位提升。知识密集型服务业对发达国家价值链地位有较大的正面作用，高素质劳动力对发达国家价值链地位也有显著的正向影响，但知识密集型服务业和高素质劳动力的影响系数均小于总体模型。另外，贸易开放度对发达国家价值链地位的正向影响也很明显，而且系数较大，为 0.873，这说明发达国家企业通过出口了解到各种竞争产品和消费信息，并且有效吸收了这些先进知识、技术和信息，加速了技术创新和分工地位提升。而生产分割对发达国家价值链地位有着显著的负面影响，这与预期不符，对此的解释是，发达国家企业虽然通过分割生产环节降低了成本，但这会使创新动力被削弱，从而影响生产效率的提高。另外，研发机构与生产部门、销售市场相距较远，也会使创新能力受到影响①。模型（8）加入了新兴市场需求变量，我们发现新兴市场需求对发达国家价值链地位的影响系数虽然为正，但并不显著。

从发展中国家模型（5）看，国内需求 DD 的系数为负，二次项 DD^2 的系数为正，这说明发展中国家国内需求对其价值链地位的影响具有 U 形效应，从短期看，由于国内需求规模尚小并且消费者还没有达到欧美发达国家的需求层次，特别是往往要在国外的示范和带动下才会产生对初创和较强创新性产品和服务的需求，生产者也主要是仿制或从国外引进技术②，这使企业缺乏创新和升级的动力，对价值链地位提升产生不利影响。从长期看，国内需求会不断增加并形成一定的规模，与此同时，消费者也会相应提高对产品品质的要求，对创新产品与服务的先发性需求也会因此产生，这将刺激企业进行创新，加大研发、营销的力度和品牌建立，从而对价值链地位的升级产生有利影响。

发展中国家高素质劳动力和知识密集型服务业对价值链地位的正向影响显

---

① 周怀峰. 国内市场需求对技术创新的影响 [J]. 中南财经政法大学研究生学报, 2008 (5): 75 – 79.

② 姚博, 魏玮. 生产国际分割及其对价值链地位的提升效应 [J]. 山西财经大学学报, 2012 (10): 69 – 77.

著，其中高素质劳动力的系数高于总体模型和发达国家模型，说明发展中国家高素质人力资本的增加对价值链地位的提升作用相对更大。但发展中国家知识密集型服务业对价值链地位的影响系数小于总体模型和发达国家模型，这说明在优化人力资本和高技术溢出方面，发展中国家知识密集型服务业对制造业的正面效应还未充分发挥，仍有待提升。贸易开放度对发展中国家价值链地位有显著负面影响，说明出口的增长并没有使发展中国家分工地位提升，单纯两头在外的加工贸易模式并不能有效提升发展中国家价值链地位，反而抑制了价值链升级。生产分割对发展中国家价值链地位产生了显著的负面影响，表明生产分割没有产生技术扩散效应，发展中国家由于被发达国家"链主"锁定在低附加值的生产环节，创新动力被削弱，价值链升级受到抑制。模型（6）加入了新兴市场需求变量，回归结果表明新兴市场需求对发展中国家价值链地位不存在显著影响，这与预期不符，可能的原因是，发展中国家对新兴市场的出口规模较小，新兴市场产品生产和过程标准较低，而且与出口国有着相同的市场结构，这使出口国较难获得技术密集度较高的功能。因此，目前新兴市场需求对发展中国家价值链升级的作用还不明显。

第五节　研究结论

由以上研究我们可以得到以下几点结论：

第一，国内需求对价值链地位的作用显著。发达国家国内需求对其价值链地位提升的作用较大，发展中国家国内需求对其价值链地位的影响具有 U 形效应，从短期看，对价值链地位的提升有不利影响，但从长期看，则有助于价值链升级。新兴市场需求对发达国家和发展中国家价值链升级都没有显著影响。

第二，知识密集型服务业对价值链升级起着十分关键的作用，然而，发展中国家知识密集型服务业对制造业的溢出效应亟待提升。人力资源禀赋也是制造业价值链地位提升的主要驱动力，相对于发达国家来说，发展中国家高素质劳动力对价值链升级的作用更大。

第三，发达国家贸易开放度对价值链地位的正向影响显著，而发展中国家贸易开放度对价值链地位却有着负面影响。无论是对发达国家还是发展中国家，生产分割对价值链升级均有显著的负面影响。

第七章　中国与其他金砖国家
价值链的互补性研究

随着新兴经济体的崛起和价值链区域化的发展，全球价值链格局发生了新的变化。长期维持在价值链低端的新兴经济体和发展中国家企业出现"逆袭"的迹象，向着 GVC 高端环节升级，打破原有的国际分工模式，重新构造 GVC 结构。GVC 重构将带来价值链各环节分工的调整以及利益的重新分配，最终导致全球经济体地位在国际市场的重新洗牌①。

金砖国家是新兴经济体和发展中国家的代表，因而备受世界关注。根据 IMF 世界经济展望（2017）预测，未来几年，金砖五国经济体量将继续上升。中国和印度将成为金砖五国经济增长的重要驱动力量，GDP 体量将增长 50% 以上。到 2022 年，金砖五国经济总量预计达 26.5 万亿美元，超过美国（23.8 万亿美元）11.3%，超过欧盟（15.9 万亿美元）69.9%②。金砖国家经济与贸易结构的互补性明显，积极倡导并探索金砖国家价值链合作机制，是中国构建新价值链体系的有效途径。特别是当前中国面临着全球经济复苏乏力、"逆全球化"思潮涌动、贸易保护主义抬头等各种挑战，如果能通过积极倡导并探索金砖国家价值链合作机制，构建新的价值链体系，不仅有利于中国摆脱对发达国家的过分依赖，而且有利于新常态下我国经济结构转型和"一带一路"重大构想的实现③。

---

① 毛蕴诗，王婕，郑奇志. 重构全球价值链：中国管理研究的前沿领域——基于 SSC 和 CSSCI（2002—2015 年）的文献研究 [J]. 学术研究，2015（11）：85 - 95.

② 霍建国，庞超然. 金砖国家经贸合作的前景及对策 [J]. 国际贸易，2017（9）：38 - 43.

③ 王星宇. 金砖国家经贸合作与全球价值链重构 [J]. 经济问题，2019（1）：123 - 129.

由于 GVC 互补性是 GVC 合作的前提，研究中国与其他金砖国家的 GVC 互补性，既能反映出各国在 GVC 中的优势环节和 GVC 的对接情况，又能反映出中国与其他金砖国家 GVC 合作的空间和规模。这可以为将来中国与其他"金砖国家"间的价值链对接提供理论参考，对促进各国更加紧密的价值链合作和我国企业重构 GVC 具有重要意义。

第一节　研究综述

目前国内外学者对金砖国家产业合作的研究主要包括：

一、通过传统统计方式下的贸易数据和贸易竞争力等指标研究金砖国家之间的产业合作及贸易竞争性与互补性

Javeria Maryam 等（2019）研究了印度与其他金砖国家之间的比较优势指数和贸易互补指数，以及印度与金砖四国贸易的影响因素。结论是，印度在农业和相关产品方面具有比较优势，其次是制造业和人造产品，印度和金砖四国之间的贸易潜力大，贸易伙伴的 GDP 和人口是影响进出口贸易流量的主要因素。Wenjing Yin（2014）从出口市场竞争、显性比较优势、贸易专业化指数、出口相似性指数四个方面分析了金砖国家农业贸易的特点，结果表明，金砖四国在农产品贸易市场上没有真正的竞争，它们在不同产品上具有比较优势。其中，中国和巴西是最亲密的贸易伙伴，中国和印度在农业贸易方面具有更高的相似性。Hanson 和 Robertson（2008）以及 Jenkins（2008）认为，中巴两国的经济发展水平相差较大，贸易产业结构具有较强的互补性，两国的出口竞争较小，但是在工业制成品的贸易上，仍存在一定的竞争性。曹张龙（2011）应用相似系数法和区位墒灰色关联度分析法对黑龙江省与俄罗斯产业进行比较，认为第一产业的互补性最强，产业总体互补性较强。谷方杰（2016）构建对称性显性比较优势指数、对称性贸易互补性指数以及对称性贸易竞争性指数，分析"新兴 11 国"的比较优势产业以及中国与其他新兴经济体产业互补性和

竞争性。唐宜红和俞峰（2017）研究了中国与其他金砖国家贸易竞争和互补关系，认为中国与其他金砖国家之间存在贸易互补，但也存在着不同程度的竞争。

二、从增加值视角对金砖国家的价值链地位和价值链合作进行研究

Ye 和 Voigt（2014）对金砖国家全球价值链的长度、位置和关联度进行了测算，认为金砖国家的全球价值链参与度以及在全球价值链中的地位仍比较低，金砖国家之间的全球价值链合作相对较弱。蒋昭乙（2018）发现，在"上游依赖"方面，金砖五国对外部的依赖度大于对内部的依赖度，金砖五国内部在生产协作中的经济往来逐渐密切；在"最终需求依赖"方面，金砖五国对欧美等发达国家和东亚地区仍存在一定"外部依赖"，对中国的依赖度不断提升。鞠宗正等（2018）对金砖国家制造业及服务业 GVC 地位指数进行测算，结果表明，巴西制造业和服务业 GVC 地位指数在金砖国家中处于优势，俄罗斯和南非处于中间水平，印度处于较低水平。中国制造业整体地位指数在金砖国家中处于较低水平，但有显著提升。董虹蔚和孔庆峰（2018）构建和测算了衡量区域价值链合作程度与位置的指标，发现金砖国家区域价值链合作的增长趋势超过与区域外国家的价值链合作，从价值链生产位置看，金砖国家具有价值链合作的经济基础。任丽娜和熊丹（2018）对中国与金砖国家的价值链合作模式进行了研究，发现其呈现"以价值链合作模式为主，非价值链合作模式为辅"的特征，在价值链合作方式上呈现"直接价值链合作模式为主，间接价值链合作模式为辅"的特征。杨杰（2019）测算了金砖国家全球价值链长度、价值链地位指数与国内增加值出口以及贸易互补性指数。研究表明，金砖国家多数行业 GVC 分工地位存有一定差异，中国与其他金砖国家贸易互补性较强。

现有相关文献还没有通过对金砖国家 GVC 进行分解来分析一国在他国 GVC 中增加值分布的方法，研究中国与其他金砖国家的价值链互补性。本章利用 Timmer（2013）的增加值解构方法对金砖国家 GVC 进行分解（具体方法见第二章），分析中国和其他金砖国家在彼此 GVC 中的增加值分布，在此基础

上构建并计算 GVC 互补指数，研究中国与其他金砖国家的 GVC 互补性，从而为构建区域价值链提供借鉴。由于服务业的国外投入比例较低，因此本书主要研究服务业以外的 GVC。此外，由于南非的经济规模较小，以及加入金砖四国的时间不长，因此，本章主要对中国、印度、俄罗斯和巴西四国进行分析。

第二节　研究方法和数据来源

一、GVC 贡献度与 GVC 互补指数

本书的 GVC 贡献度是指一国在另一国某产品 GVC 增加值中所占的比例，反映了一国对另一国某产品 GVC 增加值的贡献程度。

$$D_{si}^{j} = \frac{V_{si}^{j}}{V_{si}} \tag{7-1}$$

其中，D_{si}^{j} 为 j 国对 i 国 s 产品的 GVC 贡献率，V_{si}^{j} 为 j 国所有部门在 s 国 i 产品 GVC 中的增加值，V_{si} 为 s 国 i 产品 GVC 增加值。D 越大，表明 j 国对 s 国 i 产品 GVC 增加值的贡献越大，s 国 i 产品生产对 j 国的依赖程度越高；D 越小，表明 j 国对 s 国 i 产品 GVC 增加值的贡献越小，s 国 i 产品生产对 j 国的依赖程度越弱。

本章的 GVC 互补指数是为了研究中国与其他金砖国家的 GVC 互补性而构建的。GVC 互补指数是指 j 国 t 部门在 j 国所有部门对 s 国 i 产品贡献的增加值中的比重，与 s 国 t 部门在 s 国 i 产品增加值中的比重之比。

$$C_{si}^{jt} = \frac{V_{si}^{jt}/V_{si}^{j}}{V_{si}^{st}/V_{si}^{s}} \tag{7-2}$$

其中，C_{si}^{jt} 为 j 国 t 部门与 s 国 i 产品的 GVC 互补指数，V_{si}^{jt} 为 j 国 t 部门在 s 国 i 产品 GVC 中的增加值，V_{st}^{j} 为 j 国所有部门在 s 国 i 产品 GVC 中的增加值，V_{si}^{st} 为 s 国 t 部门在本国 i 产品 GVC 中的增加值，V_{si}^{s} 为 s 国在本国 i 产品 GVC 中的增加值。如果 C 大于 1，表明 j 国 t 部门大于 s 国 t 部门的优势，j 国 t 部门与

s 国 i 产品的 GVC 互补性较强；如果 C 等于 1，表明 j 国 t 部门与 s 国 t 部门的优势相当；如果 C 小于 1，表明 j 国 t 部门小于 s 国 t 部门的优势，j 国 t 部门与 s 国 i 产品的 GVC 互补性较弱。

二、数据来源与分类

本章采用的数据来自世界投入产出数据库（WIOD）2000～2014 年的世界投入产出表，涵盖了 44 个经济地区（其中包括了 43 个国家和世界其他地区）和 56 个部门①的增加值贸易数据，本章数据来源于 2016 年 WIOD 最新发布的数据。本章中的产品和部门分类如下：农林牧渔业产品（C1、C2、C3），矿产品（C4），食品饮料和烟草（C5），木材、造纸、印刷和出版业（C7、C8、C9），基础金属与人造金属制品（C15、C16），纺织服装和皮革制品（C6），其他制造业与回收利用（C22、C23），化学制品与非金属矿产品（C10、C11、12、C13、C14），电子与光学设备（C17、C18），机械与设备（C19），交通设备（C20、C21）。初级产品和资源产品部门（C1、C2、C3、C4），劳动密集型制造业（C6、C7、C22、C23），资本密集型制造业部门（C5、C8、C9、C10、

---

① 56 个部门分为：C1 农作物和动物的生产、狩猎和相关的服务活动，C2 林业和伐木，C3 渔业和水产养殖，C4 采掘业，C5 饮料和烟草制造，C6 纺织、服装和皮革制造，C7 木材、木制品和软木制品的制造业家具除外，稻草和编结材料制造业，C8 纸和纸制品制造业，C9 印刷业和记录媒介复制业，C10 石油加工及炼焦业，C11 化学原料和化学产品制造业，C12 基础药物产品和药物制剂制造业，C13 橡胶和塑料制品制造业，C14 其他非金属矿物制品制造业，C15 基本金属的制造业，C16 除机械设备外的金属制品制造业，C17 计算机、电子和光学产品的制造业，C18 电气设备制造业，C19 机械设备制造业，C20 汽车、拖车和半挂车制造，C21 其他运输设备制造，C22 家具制造和其他制造，C23 机械和设备维修与安装，C24 电力、煤气及水的供应，C25 水的收集、处理和供应 C26 下水道废物收集、处理和处置活动，材料回收和其他废物管理服务，C27 建筑业，C28 汽车和摩托车批发销售和零售，C29 除汽车和摩托之外的批发销售，C30 除汽车和摩托之外的零售贸易，C31 陆运和管道运输，C32 水运，C33 航空运输，C34 运输仓储和支持类活动，C35 邮政和快递活动，C36 住宿和餐饮，C37 出版，C38 电影、视频和电视制作，录音和音乐出版活动、节目和广播活动，C39 通信部门，C40 计算机编程、咨询和相关活动和信息服务活动，C41 保险和养老基金除外的金融服务活动，C42 强制性社会保障除外的保险、再保险和养老基金，C43 金融服务和保险的辅助活动，C44 房地产活动，C45 法律和会计活动、总公司的活动、管理咨询活动，C46 建筑和工程活动、技术测试和分析，C47 科学研究与发展，C48 广告和市场研究，C49 其他专业性、科学性和技术性的活动、兽医活动，C50 行政和支助服务活动，C51 公共行政和国防和强制性社会保障，C52 教育，C53 人类健康和社会工作活动，C54 其他服务活动，C55 私人雇佣的家庭服务业部门，C56 域外组织和机构的活动。

C13、C14、C15、C16），知识密集型制造业部门（C11、C12、C17、C18、C19、C20、C21），劳动密集型服务业部门（C27、C28、C29、C30、C36、C55），资本密集型服务业部门（C24、C25、C26、C31、C32、C33、C34、C35、C39、C44），知识密集型服务业部门（C37、C38、C40、C41、C42、C43、C45、C46、C47、C48、C49），健康、教育和公共服务业部门（C50、C51、C52、C53、C54、C56）。

第三节　中国与其他金砖国家对彼此 GVC 的贡献

一、中国对其他金砖国家 GVC 的贡献率

由表 7 - 1 可以看到，2005 ~ 2014 年中国在俄罗斯、巴西和印度多数 GVC 中的贡献率有较大提升，其中，在俄罗斯纺织服装和皮革制品，交通设备，其他制造业、回收利用 GVC 中，在巴西木材、造纸、印刷和出版业，机械与设备，交通设备 GVC 中，在印度化学制品与非金属矿产品，电子与光学设备，机械与设备和交通设备 GVC 中，中国贡献的增加值占比很高。这说明中国通过出口、投资等合作方式参与到其他金砖国家的 GVC 分工中，对其他金砖国家 GVC 的影响力越来越大，其他金砖国家 GVC 对中国的依赖程度也不断加强。

表 7 -1　中国对其他金砖国家 GVC 的贡献　　　　单位:%

		农林牧渔业产品	矿产品	食品饮料和烟草	木材、造纸、印刷和出版业	基础金属与人造金属制品	纺织服装和皮革制品	其他制造业、回收利用	化学制品与非金属矿产品	电子与光学设备	机械与设备	交通设备
俄罗斯	2005 年	0.65	0.24	0.51	0.57	0.45	4.35	0.89	0.61	0.68	0.68	1.14
	2014 年	1.09	0.62	1.04	1.54	1.14	8.67	2.96	1.51	1.96	2.23	4.11

续表

		农林牧渔业产品	矿产品	食品饮料和烟草	木材、造纸、印刷和出版业	基础金属与人造金属制品	纺织服装和皮革制品	其他制造业、回收利用	化学制品与非金属矿产品	电子与光学设备	机械与设备	交通设备
巴西	2005 年	0.37	0.26	0.34	0.44	0.45	1.14	0.62	0.76	2.34	0.70	0.67
	2014 年	1.02	0.69	0.95	3.77	1.93	0.69	2.32	1.27	1.61	6.55	3.28
印度	2005 年	0.23	0.37	0.40	1.06	1.71	2.13	1.50	1.76	2.18	1.97	1.95
	2014 年	0.36	0.71	0.69	1.84	2.62	2.16	2.49	2.84	4.40	3.60	4.31

资料来源：根据 WIOD 数据库的数据计算得来。

二、其他金砖国家对中国 GVC 的贡献率

从表 7-2 可以看到，俄罗斯、印度和巴西对中国 GVC 的贡献率较小，都没有超过 1%。其中，俄罗斯和巴西对中国 GVC 的贡献率变化不大，而印度对中国 GVC 的贡献率下降较大。这说明其他金砖国家对中国 GVC 的影响力还较小，中国 GVC 对其他金砖国家的依赖程度较低。

表 7-2   其他金砖国家在中国 GVC 中的贡献率   单位:%

		农林牧渔业产品	矿产品	食品饮料和烟草	木材、造纸、印刷和出版业	基础金属与人造金属制品	纺织服装和皮革制品	其他制造业、回收利用	化学制品与非金属矿产品	电子与光学设备	机械与设备	交通设备
俄罗斯	2005 年	0.20	0.54	0.25	0.77	0.94	0.42	0.47	0.83	0.66	0.72	0.63
	2014 年	0.17	0.59	0.19	0.56	0.85	0.29	0.42	0.88	0.61	0.58	0.50
巴西	2005 年	0.24	0.21	0.48	0.35	0.38	0.43	0.25	0.35	0.28	0.31	0.30
	2014 年	0.37	0.28	0.81	0.39	0.4	0.56	0.28	0.53	0.29	0.29	0.26
印度	2005 年	0.21	0.55	0.26	0.4	0.86	0.44	0.37	0.8	0.55	0.62	0.54
	2014 年	0.08	0.1	0.14	0.13	0.19	0.26	0.14	0.17	0.19	0.16	0.15

资料来源：根据 WIOD 数据库的数据计算得来。

第四节 中国与其他金砖国家在彼此 GVC 中的增加值分布

由表 7-3 至表 7-5 可以发现，在俄罗斯、巴西和印度 GVC 中，中国所贡献增加值的部门分布表现出相似的特征，都是知识密集型制造业占比较高，其次是初级产品和资源产品以及资本密集型制造业，劳动密集型制造业占比较低，而健康教育和公共服务业占比最低。这与中国在本国 GVC 中增加值的部门分布有着较大差别（见表 7-6）。主要原因可能是，中国在本国 GVC 中增加值的部门分布是由本国要素的丰裕程度决定的，如资源密集型产品 GVC 中初级产品和资源产品部门的增加值比重占绝对优势，而劳动密集型产品 GVC 中劳动密集型制造业的增加值比重占绝对优势。而中国在其他国家 GVC 中增加值的部门分布则是由本国各部门相对于他国各部门的比较优势决定的，如中国知识密集型制造业相对其他金砖国家具有比较优势，因此，其在其他金砖国家 GVC 中贡献的增加值占比相对较高。

表 7-3 2014 年中国在俄罗斯 GVC 中的增加值分布　　　　单位:%

中国部门分布	农林牧渔业产品	矿产品	食品饮料和烟草	木材、造纸、印刷和出版业	基础金属与人造金属制品	纺织服装和皮革制品	其他制造业、回收利用	化学制品与非金属矿产品	电子与光学设备	机械与设备	交通设备
初级产品和资源产品部门	22.73	14.95	20.25	15.79	16.32	20.40	18.11	17.79	15.29	13.71	11.86
资本密集型制造业	14.95	16.43	18.09	23.90	19.04	7.87	13.19	14.76	16.93	16.52	14.90
劳动密集型制造业	7.48	8.24	9.78	9.69	8.85	35.85	23.88	10.81	6.93	5.80	4.79

续表

中国部门分布	农林牧渔业产品	矿产品	食品饮料和烟草	木材、造纸、印刷和出版业	基础金属与人造金属制品	纺织服装和皮革制品	其他制造业、回收利用	化学制品与非金属矿产品	电子与光学设备	机械与设备	交通设备
知识密集型制造业	23.02	26.63	19.22	18.79	22.17	7.83	14.85	23.74	27.13	30.22	33.88
资本密集型服务业	9.92	10.87	10.20	10.19	10.81	7.94	9.38	10.73	10.63	10.44	10.14
劳动密集型服务业	11.22	11.31	11.86	10.81	11.21	12.28	10.97	11.10	11.15	11.23	12.18
知识密集型服务业	9.11	9.86	9.05	9.22	9.94	6.69	8.23	9.50	10.23	10.27	10.27
健康、教育和公共服务业	1.57	1.71	1.54	1.61	1.67	1.14	1.39	1.56	1.70	1.80	1.97

资料来源：根据 WIOD 数据库的数据计算得来。

表 7 - 4　2014 年中国在巴西 GVC 中的增加值分布　　单位:%

中国部门分布	农林牧渔业产品	矿产品	食品饮料和烟草	木材、造纸、印刷和出版业	基础金属与人造金属制品	纺织服装和皮革制品	其他制造业、回收利用	化学制品与非金属矿产品	电子与光学设备	机械与设备	交通设备
初级产品和资源产品部门	19.74	14.71	18.85	20.24	18.63	14.71	14.43	17.72	19.20	10.13	13.38
资本密集型制造业	14.87	16.21	18.85	8.76	14.97	16.21	19.56	17.70	25.99	13.58	18.51
劳动密集型制造业	3.42	3.93	3.81	32.53	3.26	3.93	4.49	4.70	3.79	2.17	3.01
知识密集型制造业	27.09	28.04	22.33	9.86	25.94	28.04	26.21	24.10	16.33	38.75	31.80
资本密集型服务业	11.55	11.01	11.15	8.26	11.86	11.01	10.67	11.30	11.57	9.48	10.36

续表

中国部门分布	农林牧渔业产品	矿产品	食品饮料和烟草	木材、造纸、印刷和出版业	基础金属与人造金属制品	纺织服装和皮革制品	其他制造业、回收利用	化学制品与非金属矿产品	电子与光学设备	机械与设备	交通设备
劳动密集型服务业	11.43	12.09	12.40	12.00	12.57	12.09	12.07	11.76	10.30	12.43	10.42
知识密集型服务业	10.30	12.22	10.99	7.16	11.12	12.22	10.76	11.05	11.14	11.66	10.68
健康、教育和公共服务业	1.59	1.79	1.62	1.19	1.65	1.79	1.79	1.65	1.68	1.80	1.82

资料来源：根据 WIOD 数据库的数据计算得来。

表 7 - 5 2014 年中国在印度 GVC 中的增加值分布   单位:%

中国部门分布	农林牧渔业产品	矿产品	食品饮料和烟草	木材、造纸、印刷和出版业	基础金属与人造金属制品	纺织服装和皮革制品	其他制造业、回收利用	化学制品与非金属矿产品	电子与光学设备	机械与设备	交通设备
初级产品和资源产品部门	19.08	15.96	18.13	16.81	18.88	19.03	14.89	18.12	13.93	15.80	14.09
资本密集型制造业	14.87	17.42	18.01	24.08	25.01	12.31	16.46	15.14	18.39	21.63	19.25
劳动密集型制造业	4.25	3.68	4.78	5.03	3.53	18.67	11.75	3.57	3.05	3.26	3.26
知识密集型制造业	27.10	27.87	22.75	20.47	15.98	18.25	22.37	24.93	29.81	25.42	29.64
资本密集型服务业	11.64	11.24	11.42	10.97	12.16	9.85	10.69	12.51	10.57	10.97	10.55
劳动密集型服务业	11.47	11.44	13.13	11.18	11.65	11.85	12.11	13.46	11.47	10.44	10.97
知识密集型服务业	10.00	10.65	10.16	9.83	11.09	8.64	10.12	10.63	11.01	10.71	10.47
健康、教育和公共服务业	1.59	1.73	1.62	1.63	1.70	1.41	1.61	1.65	1.77	1.77	1.78

资料来源：根据 WIOD 数据库的数据计算得来。

表 7 – 6　2014 年中国在本国 GVC 中的增加值分布　　单位:%

中国部门分布	农林牧渔业产品	矿产品	食品饮料和烟草	木材、造纸、印刷和出版业	基础金属与人造金属制品	纺织服装和皮革制品	其他制造业、回收利用	化学制品与非金属矿产品	电子与光学设备	机械与设备	交通设备
初级产品和资源产品部门	79.47	64.61	37.95	18.08	16.25	21.01	10.74	25.61	9.69	10.23	8.79
资本密集型制造业	6.69	6.03	38.04	21.42	41.21	6.56	8.13	20.28	13.39	13.59	11.76
劳动密集型制造业	0.34	1.48	0.59	28.93	2.70	40.66	49.96	1.87	1.71	2.05	2.29
知识密集型制造业	2.99	5.49	2.87	6.67	8.05	5.49	5.34	23.73	41.10	42.84	44.90
资本密集型服务业	3.32	7.90	5.99	8.70	11.61	7.32	10.53	9.56	9.36	9.69	9.08
劳动密集型服务业	3.60	5.02	8.60	7.39	8.20	11.80	7.55	8.46	11.64	9.73	11.55
知识密集型服务业	3.11	8.13	5.06	7.43	10.16	6.09	6.30	8.99	11.27	9.97	9.58
健康、教育和公共服务业	0.49	1.34	0.91	1.38	1.82	1.06	1.45	1.50	1.85	1.89	2.04

资料来源: 根据 WIOD 数据库的数据计算得来。

　　俄罗斯、巴西和印度在中国 GVC 中的增加值大部分分布在初级产品和资源产品部门（由于篇幅限制，其他金砖国家在中国 GVC 中的增加值分布不再列表），说明三国在自然资源方面具有绝对优势；其次是分布在一些服务部门，如俄罗斯在中国 GVC 中的增加值主要分布在资本和劳动密集型服务部门，印度主要分布在劳动密集型和知识密集型服务部门，巴西主要分布在知识密集型服务部门。俄罗斯、巴西和印度在中国 GVC 中的增加值分布在制造部门的比例较低，特别是俄罗斯和巴西两国，说明它们的制造业相对中国处于劣势，不过，印度在中国某些制造业部门 GVC 中的增加值占比较高，说明印度在制造业方面有一定优势。

第五节　中国与其他金砖国家 GVC 的互补性分析

一、中国与俄罗斯 GVC 的互补性分析

从表 7 - 7 可以看到，中国劳动密集型制造业与俄罗斯大部分 GVC 的互补性极强，中国知识密集型制造业和俄罗斯知识密集型制造业以外的 GVC 互补性较强，中国初级产品和资源产品制造业与俄罗斯初级产品和资源产品以外的 GVC 有一定的互补性，中国知识密集型服务业与俄罗斯所有 GVC 均有一定的互补性。而中国劳动密集型服务业以及健康、教育和公共服务业与俄罗斯 GVC 的互补性较弱。总体来看，中国与俄罗斯绝大多数 GVC 的多数环节互补性较强，互补性不仅体现在低端环节，如初级产品和资源产品、劳动密集型制造业环节，在知识密集型的高端环节互补性也较强。

表 7 - 7　2014 年中国与俄罗斯 GVC 的互补指数

中国部门分布	农林牧渔业产品	矿产品	食品饮料和烟草	木材、造纸、印刷和出版业	基础金属与人造金属制品	纺织服装和皮革制品	其他制造业、回收利用	化学制品与非金属矿产品	电子与光学设备	机械与设备	交通设备
初级产品和资源产品	0.35	0.20	1.24	1.94	1.81	7.67	3.24	1.50	3.81	3.24	2.87
资本密集型制造业	2.33	5.09	0.45	0.49	0.38	2.42	1.11	0.44	1.16	1.29	1.15
劳动密集型制造业	40.67	65.83	31.31	2.07	36.47	0.62	0.60	34.04	14.75	19.16	15.50
知识密集型制造业	12.42	20.70	13.49	8.33	11.77	3.45	4.79	1.45	0.57	0.65	0.79
资本密集型服务业	1.52	1.57	1.18	1.07	1.07	1.00	0.91	0.91	1.26	1.08	1.15

中国部门分布	农林牧渔业产品	矿产品	食品饮料和烟草	木材、造纸、印刷和出版业	基础金属与人造金属制品	纺织服装和皮革制品	其他制造业、回收利用	化学制品与非金属矿产品	电子与光学设备	机械与设备	交通设备
劳动密集型服务业	0.79	1.75	0.49	0.61	0.56	0.67	0.56	0.64	0.70	0.70	0.62
知识密集型服务业	2.47	1.98	1.51	1.56	1.59	1.24	1.16	1.48	1.68	1.39	1.30
健康、教育和公共服务业	0.76	0.67	0.50	0.60	0.65	0.46	0.50	0.60	0.60	0.62	0.56

注：表格的颜色越深表示互补程度越高。

资料来源：根据 WIOD 数据库的数据计算得来。

从互补性的变化情况看（见表7-8），中国劳动密集型、知识密集型制造业和劳动密集型服务业与俄罗斯 GVC 的互补性都有所增强，其中，中国劳动密集型制造业与俄罗斯 GVC 的互补性提高幅度较大，表明中国相对俄罗斯劳动力禀赋优势仍十分突出；中国知识密集型制造业与俄罗斯初级产品和资源产品、劳动密集型和资本密集型制造业 GVC 的互补性有较大提高。此外，中国知识密集型服务业与俄罗斯知识密集型制造业以外 GVC 的互补性有所增强。中国知识密集型制造业和知识密集型服务业与俄罗斯 GVC 的互补性提高，表明中国与俄罗斯的价值链分工有向高端化发展的趋势。不过，中国初级产品和资源产品部门，资本密集型服务业，健康、教育和公共服务业与俄罗斯 GVC 的互补性减弱。

二、中国与印度 GVC 的互补性分析

由表7-9可以看到，中国知识密集型制造业、资本密集型和知识密集型服务业与印度初级产品和资源产品、劳动密集型和资本密集型制造业 GVC 的互补性较强，特别是中国知识密集型制造业的优势较明显。中国初级产品和资源产品部门与印度劳动密集型和知识密集型制造业 GVC 有一定的互补性。中

表 7 - 8　2005 ~ 2014 年中国与俄罗斯 GVC 的互补指数变化

中国部门分布	农林牧渔业产品	矿产品	食品饮料和烟草	木材、造纸、印刷和出版业	基础金属与人造金属制品	纺织服装和皮革制品	其他制造业、回收利用	化学制品与非金属矿产品	电子与光学设备	机械与设备	交通设备
初级产品和资源产品	- 0.37	- 0.05	- 0.84	- 0.32	- 1.06	1.33	- 0.37	- 0.89	- 1.52	- 1.73	- 1.84
资本密集型制造业	0.45	0.62	0.1	- 0.02	- 0.05	0.86	0.45	0	- 0.04	- 0.1	- 0.23
劳动密集型制造业	24.93	32.77	18.13	0.93	17.33	- 0.18	24.93	17.17	6.52	6.86	3.59
知识密集型制造业	5.78	6.82	4.46	1.14	3.5	0.8	5.78	0.06	0.06	0.14	0.22
资本密集型服务业	- 0.12	- 0.08	- 0.23	- 0.25	- 0.31	0.09	- 0.12	- 0.17	- 0.38	- 0.33	- 0.5
劳动密集型服务业	0.23	0.38	0.09	0.07	0.03	0.4	0.23	0.13	0.05	0.03	0.02
知识密集型服务业	0.17	0.34	0.02	0	0.1	0.15	0.17	0.05	- 0.05	- 0.02	- 0.2
健康、教育和公共服务业	- 0.33	- 0.2	- 0.28	- 0.31	- 0.34	- 0.13	- 0.33	- 0.35	- 0.34	- 0.31	- 0.27

注：阴影部分表示变化为正，表格的颜色越深表示互补指数的提高幅度越大。
资料来源：根据 WIOD 数据库的数据计算得来。

表 7 - 9　2014 年中国与印度 GVC 的互补指数

中国部门分布	农林牧渔业产品	矿产品	食品饮料和烟草	木材、造纸、印刷和出版业	基础金属与人造金属制品	纺织服装和皮革制品	其他制造业、回收利用	化学制品与非金属矿产品	电子与光学设备	机械与设备	交通设备
初级产品和资源产品	0.21	0.19	0.47	0.95	2.13	1.49	2.26	1.00	4.16	4.57	4.28
资本密集型制造业	32.35	14.93	0.94	1.17	0.59	6.36	4.32	0.63	2.29	2.29	2.15

续表

中国部门分布	农林牧渔业产品	矿产品	食品饮料和烟草	木材、造纸、印刷和出版业	基础金属与人造金属制品	纺织服装和皮革制品	其他制造业、回收利用	化学制品与非金属矿产品	电子与光学设备	机械与设备	交通设备
劳动密集型制造业	19.02	8.29	5.40	0.20	3.82	0.50	0.27	1.79	1.43	1.93	1.59
知识密集型制造业	32.85	17.74	17.41	7.25	5.98	5.74	6.23	1.12	0.70	0.54	0.72
资本密集型服务业	7.06	3.41	1.87	1.39	1.33	1.06	0.86	1.54	0.76	1.53	1.19
劳动密集型服务业	1.85	2.71	0.50	0.63	0.46	0.52	0.89	0.85	0.76	0.64	0.56
知识密集型服务业	6.89	3.47	1.36	1.24	1.20	1.01	0.72	1.31	0.94	0.81	0.71
健康、教育和公共服务业	20.74	1.31	3.14	1.87	1.00	0.34	0.78	0.95	0.60	1.38	1.74

注：表格的颜色越深表示互补程度越高。

资料来源：根据 WIOD 数据库的数据计算得来。

国劳动密集型制造业与印度劳动密集型制造业以外的 GVC 互补性较强。而中国劳动密集型服务业与印度 GVC 的互补性较弱。总体来看，中国与印度绝大多数价值链的多数环节具有互补性，其中，中国与印度初级产品和资源产品、劳动密集型和资本密集型制造业 GVC 的互补性，不仅体现在低端环节，而且体现在高端环节，如知识密集型制造业和服务业方面；而中国与印度知识密集制造业 GVC 的互补性则主要表现在低端环节，知识技术密集的高端环节互补性还较弱。

从互补性的变化趋势看（见表 7 - 10），中国劳动密集型制造业与印度 GVC 的互补性减弱，这说明随着人口红利的慢慢消失，中国劳动密集型制造业的比较优势逐渐丧失。与此同时，中国知识密集型制造业与印度多数 GVC 的互补性有所增强，此外，中国知识密集型服务业与印度 GVC 的互补性增强，劳动密集型服务业，健康、教育和公共服务业与印度多数 GVC 的互补性也有所提高。中国知识密集型制造业和服务业与印度 GVC 的互补性增强，说明中国与印度的价值链分工正在向高端环节发展。

表 7 - 10　2005 ~ 2014 年中国与印度价值链互补指数的变化情况

中国部门分布	农林牧渔业产品	矿产品	食品饮料和烟草	木材、造纸、印刷和出版业	基础金属与人造金属制品	纺织服装和皮革制品	其他制造业、回收利用	化学制品与非金属矿产品	电子与光学设备	机械与设备	交通设备
初级产品和资源产品	-0.01	-0.01	0.03	0.06	-1.29	0.21	0.1	-0.13	-0.74	-0.82	-1.13
资本密集型制造业	9.59	-0.03	0.09	0.46	-0.15	1.79	0.53	0.01	-0.59	-0.35	-0.71
劳动密集型制造业	-15.75	-8.13	-6.65	-0.25	-1.32	-0.25	0.01	-1.21	-1.47	-1.27	-1.51
知识密集型制造业	-0.9	-0.47	0.09	0.02	1.62	1.14	1.49	-0.32	0.1	0.09	0.18
资本密集型服务业	-0.29	-0.4	-0.33	-0.09	0.1	-0.06	0.01	0.17	-0.07	0.01	-0.12
劳动密集型服务业	0.3	0.41	0.01	0	0.11	0.15	0.07	0.28	0.07	0.11	0.06
知识密集型服务业	2.35	0.48	0.23	0.26	0.51	0.14	0.22	0.61	0.19	0.22	0.2
健康、教育和公共服务业	4.64	-0.46	-0.27	0.3	0.13	0.02	0.18	-0.04	0.1	0.28	0.18

注：阴影部分表示变化为正，表格的颜色越深表示互补指数的提高幅度越大。
资料来源：根据 WIOD 数据库的数据计算得来。

三、中国与巴西 GVC 的互补性分析

整体来看，中国与巴西初级产品和资源产品、劳动密集型产品 GVC 的互补性较强，其中，中国知识密集型制造业的优势十分明显（见表 7 - 11）。中

国劳动密集型、知识密集型制造业与巴西资本密集型制造业 GVC 的互补性较强。而中国与巴西知识密集型制造业 GVC 的互补性主要体现在较低端的环节，高端环节的互补性相对较弱。另外，中国服务业部门与巴西 GVC 的互补性较弱，主要原因是巴西的服务业特别是知识密集型服务部门的竞争力较强。

表 7 - 11　2014 年中国与巴西 GVC 的互补指数

中国部门分布	农林牧渔业产品	矿产品	食品饮料和烟草	木材、造纸、印刷和出版业	基础金属与人造金属制品	纺织服装和皮革制品	其他制造业、回收利用	化学制品与非金属矿产品	电子与光学设备	机械与设备	交通设备
初级产品和资源产品	0.25	0.19	0.72	2.22	2.37	3.25	5.63	0.68	6.89	3.46	4.26
资本密集型制造业	10.06	22.21	0.62	0.24	0.27	8.35	3.72	-9.26	4.38	1.81	2.26
劳动密集型制造业	8.91	4.15	4.94	2.71	1.52	0.07	0.07	3.94	3.89	1.14	1.91
知识密集型制造业	12.14	24.62	14.80	4.86	19.04	19.35	6.84	0.91	0.37	0.79	0.76
资本密集型服务业	2.80	1.82	1.09	0.75	1.20	1.46	1.87	1.05	1.23	1.26	0.96
劳动密集型服务业	1.67	2.85	0.78	0.90	1.09	0.71	1.05	0.66	0.59	0.78	0.63
知识密集型服务业	2.13	1.24	0.85	0.52	1.01	1.38	1.31	0.64	0.66	0.88	0.70
健康、教育和公共服务业	2.53	1.70	0.74	0.66	1.00	1.25	1.59	0.72	0.61	0.93	0.67

注：表格的颜色越深表示互补程度越高。

资料来源：根据 WIOD 数据库的数据计算得来。

从互补性的变化趋势看（见表 7 - 12），中国多数部门与巴西初级产品和资源产品、劳动密集型制造业 GVC 的互补性进一步增强。中国初级产品和资源产品部门与巴西知识密集型和资本密集型制造业 GVC 的互补性增强。中国知识密集型制造业、知识密集型服务业与巴西多数 GVC 的互补性有所增强，这反映出中国在巴西 GVC 中的分工地位不断提升。

表 7 - 12 2005 ~ 2014 年中国与巴西 GVC 的互补指数变化情况

中国部门分布	农林牧渔业产品	矿产品	食品饮料和烟草	木材、造纸、印刷和出版业	基础金属与人造金属制品	纺织服装和皮革制品	其他制造业、回收利用	化学制品与非金属矿产品	电子与光学设备	机械与设备	交通设备
初级产品和资源产品	-0.01	-0.04	0.01	0.43	0.58	-0.67	1.5	-0.18	4.53	0.25	0.99
资本密集型制造业	3.92	10.81	0.01	-0.23	-0.22	4.79	0.64	-12.97	2.38	-0.64	-0.06
劳动密集型制造业	3.22	1.38	1.17	2.4	0.04	-0.49	-0.03	2.06	2.25	-0.29	-0.43
知识密集型制造业	1.11	10.17	1.67	-6.41	7.9	12.45	0.29	-0.07	-0.62	0.18	0.12
资本密集型服务业	0.49	-0.26	-0.2	-0.4	-0.14	0.27	-0.11	-0.25	0.14	-0.25	-0.18
劳动密集型服务业	0.12	0.7	-0.03	-0.04	0.01	0.22	0.17	-0.07	-0.05	0.15	-0.04
知识密集型服务业	0.87	0.48	0.26	-0.05	0.39	0.72	0.43	0.22	0.19	0.33	0.21
健康、教育和公共服务业	0.05	0.21	-0.13	-0.36	-0.15	0.22	0	-0.05	0.07	-0.05	-0.04

注：阴影部分表示变化为正，表格的颜色越深表示互补指数的提高幅度越大。
资料来源：根据 WIOD 数据库的数据计算得来。

第六节　其他金砖国家与中国 GVC 的互补性分析

一、俄罗斯与中国 GVC 的互补性分析

从表 7 - 13 可以看出，俄罗斯在中国 GVC 中的优势主要体现在初级产品

和资源产品部门，此外，其劳动密集型、资本密集型服务业以及健康、教育和公共服务业也有一定优势。但是，俄罗斯在制造环节的劣势比较明显。从GVC 整体看，俄罗斯在中国初级产品、食品饮料和烟草产品 GVC 中的大多数环节具有优势。

表 7 – 13　2014 年俄罗斯与中国价值链的互补指数

俄罗斯部门分布	农林牧渔业产品	矿产品	食品饮料和烟草	木材、造纸、印刷和出版业	基础金属与人造金属制品	纺织服装和皮革制品	其他制造业、回收利用	化学制品与非金属矿产品	电子与光学设备	机械与设备	交通设备
初级产品和资源产品	0.55	0.72	1.09	1.73	2.75	1.98	3.71	1.81	4.06	4.11	4.74
资本密集型制造业	1.21	1.13	0.26	2.03	0.23	1.33	1.24	0.32	0.78	0.77	0.90
劳动密集型制造业	1.30	0.42	0.95	0.13	0.24	0.02	0.08	0.21	0.33	0.32	0.28
知识密集型制造业	1.54	0.45	1.44	0.67	0.31	0.86	0.65	0.13	0.09	0.08	0.08
资本密集型服务业	4.80	2.06	2.70	1.95	1.35	2.20	1.46	1.70	1.71	1.62	1.73
劳动密集型服务业	5.23	3.76	2.24	1.58	2.25	1.64	2.50	2.22	1.83	1.97	1.66
知识密集型服务业	1.92	0.73	1.18	0.94	0.58	0.99	0.93	0.66	0.55	0.60	0.63
健康、教育和公共服务业	5.50	2.03	3.00	2.49	1.48	2.57	1.85	1.81	1.49	1.44	1.34

注：阴影部分表示变化为正，表格的颜色越深表示互补指数的提高幅度越大。

资料来源：根据 WIOD 数据库的数据计算得来。

二、印度与中国 GVC 的互补性分析

印度在中国 GVC 中的优势主要体现在劳动密集型、知识密集型服务业以

及初级产品和资源产品环节，此外，印度劳动密集型制造业在中国劳动密集型制造业以外的 GVC 中以及知识密集型制造业在中国知识密集型制造业以外的 GVC 中也有较强的优势。但印度资本密集型制造业以及健康、教育和公共服务业与中国 GVC 互补性较弱。整体来看，印度与中国多数 GVC 的多数环节互补性较强（见表 7 – 14）。

表 7 – 14　2014 年印度与中国 GVC 的互补指数

印度部门分布	农林牧渔业产品	矿产品	食品饮料和烟草	木材、造纸、印刷和出版业	基础金属与人造金属制品	纺织服装和皮革制品	其他制造业、回收利用	化学制品与非金属矿产品	电子与光学设备	机械与设备	交通设备
初级产品和资源产品	0.63	0.51	1.59	1.60	1.59	1.29	2.25	1.40	1.93	2.11	2.42
资本密集型制造业	0.99	1.73	0.14	0.42	0.37	0.70	1.16	0.41	0.95	1.05	1.14
劳动密集型制造业	7.56	2.97	3.70	0.22	2.04	0.50	0.23	2.36	2.65	2.50	2.75
知识密集型制造业	3.45	1.85	2.16	2.01	1.08	1.43	1.92	0.53	0.29	0.27	0.27
资本密集型服务业	2.00	1.24	0.90	1.14	0.89	1.17	0.95	0.94	1.21	1.09	1.15
劳动密集型服务业	3.88	3.21	1.45	2.33	2.32	1.61	2.45	1.82	1.74	1.99	1.68
知识密集型服务业	2.84	1.84	1.49	1.89	1.40	1.61	2.25	1.44	1.72	1.60	1.65
健康、教育和公共服务业	1.70	1.03	0.68	0.96	0.75	2.45	1.21	0.89	0.79	0.75	0.73

注：阴影部分表示变化为正，表格的颜色越深表示互补指数的提高幅度越大。
资料来源：根据 WIOD 数据库的数据计算得来。

三、巴西与中国 GVC 的互补性分析

从表 7 – 15 看，巴西在中国 GVC 中的优势主要体现在初级产品和资源产品环节，此外，巴西在中国 GVC 的知识密集型服务业环节优势也较明显，在健康、教育和公共服务业环节也有一定优势。但是，巴西在中国 GVC 中制造业环节的劣势比较明显。

表 7 – 15　2014 年巴西与中国 GVC 的互补指数

巴西部门分布	农林牧渔业产品	矿产品	食品饮料和烟草	木材、造纸、印刷和出版业	基础金属与人造金属制品	纺织服装和皮革制品	其他制造业、回收利用	化学制品与非金属矿产品	电子与光学设备	机械与设备	交通设备
初级产品和资源产品	0.88	0.96	1.86	2.67	3.52	2.83	4.93	2.53	5.00	5.02	5.68
资本密集型制造业	0.57	0.65	0.10	0.62	0.17	0.52	0.89	0.17	0.63	0.58	0.63
劳动密集型制造业	2.21	1.17	1.12	0.10	0.84	0.20	0.10	0.82	1.37	1.18	1.38
知识密集型制造业	0.90	0.41	0.88	0.43	0.30	0.48	0.53	0.10	0.09	0.08	0.08
资本密集型服务业	1.60	0.87	0.85	0.89	0.65	0.79	0.68	0.67	0.88	0.81	0.86
劳动密集型服务业	2.27	1.29	0.95	1.30	0.89	0.78	1.16	0.81	0.76	0.84	0.71
知识密集型服务业	2.62	1.88	1.56	1.82	1.44	1.61	2.30	1.43	1.59	1.71	1.86
健康、教育和公共服务业	2.64	1.25	1.42	1.22	0.91	1.34	1.18	1.01	1.21	1.06	1.03

注：阴影部分表示变化为正，表格的颜色越深表示互补指数的提高幅度越大。
资料来源：根据 WIOD 数据库的数据计算得来。

第七节　研究结论

由以上分析，我们得出以下结论：

第一，中国在其他金砖国家多数 GVC 中的增加值贡献较大，且贡献率有较大提升，而其他金砖国家在中国 GVC 中的增加值贡献较小。中国在其他金砖国家 GVC 中的增加值分布具有相似的特征，即知识密集型制造业占比较高，其次是初级产品和资源产品部门和资本密集型制造业，劳动密集型制造业占比较低，健康、教育和公共服务业占比最低。其他金砖国家在中国 GVC 中的增加值主要分布在初级产品和资源产品部门，其次是服务部门，分布在制造部门的比例较低，印度在中国某些 GVC 中制造业的增加值占比较高。

第二，中国与其他金砖国家绝大部分 GVC 的多数环节互补性较强，它们的互补性不仅体现在低端环节，也体现在知识密集的高端环节。而且，中国知识密集型制造业和服务业与其他金砖国家 GVC 的互补性有一定提高，这说明中国与其他金砖国家的价值链分工有向高端化发展的趋势。总体来说，中国在制造业环节优势明显，与其他金砖国家互补性较强；而中国与其他金砖国家知识密集型制造业 GVC 的互补性相对较弱。

第三，和中国与其他金砖国家 GVC 的互补性相比，其他金砖国家与中国 GVC 的互补性相对较弱。俄罗斯和巴西与中国 GVC 的互补性主要体现在初级产品、资源产品以及服务业环节，其中，俄罗斯在劳动密集型，资本密集型，健康、教育和公共服务业方面具有优势，而巴西在知识密集型服务业环节优势明显。然而，俄罗斯和巴西在制造环节的劣势明显。印度与中国 GVC 的互补性主要体现在劳动密集型、知识密集型服务业及初级产品和资源产品环节，其在中国某些 GVC 中的劳动密集型和知识密集型制造业环节也有一定优势。在其他金砖国家中，印度与中国 GVC 的互补性相对较强。

第四，从 GVC 的互补情况看，中国与其他金砖国家在产业层面基本具备了构建区域价值链的条件，因此，可以构建起一个由中国高端制造和服务、巴西原料和服务、印度一般制造和服务、俄罗斯能源和服务构成的完整的区域价值链体系。而且，由于中国在 GVC 多数部门表现出的优势特征，中国在金砖国家区域价值链构建过程中能够发挥主导作用。

第八章　中国与美、德、日制造业服务化的比较研究

20 世纪 90 年代以来，伴随着服务经济时代的到来，服务已成为国际分工中各国利益分配的核心要素。从世界范围看，制造型企业日益呈现出"服务化"的发展趋势[1][2]，它们不断将服务要素嵌入产品中或提供集成服务[3]，从"产品制造"转变为"产品制造 + 服务"，这一过程即为制造业服务化（servitization）。因此，制造业服务化表现为制造业投入的服务化（制造业产出中增加服务投入）以及制造业产出的服务化（制造业产出从实物变为产品加服务）。制造业服务化有助于提高制造业的全要素生产率，使传统制造业逐步转变为知识技术密集型制造业[4]。目前，"中国制造 2025"已将制造业服务化升级为国家战略，这充分说明制造业服务化是我国制造业转型升级的必然方向。然而，当前中国的制造业服务化水平还未能强有力地支撑我国 GVC 地位的提升[5]。为实现从制造业大国向制造业强国的转变，我国制造业亟须从以产品为导向逐渐过渡到以服务为导向，优化制造业服务化结构，提高自身的核心竞争力。因此，比较中国与主要发达国家制造业服务化的水平和结构，有利于发现

---

① Vandermerwe S. , Rada J. Servitization of Business：Adding Value by Adding Services ［J］. European Management Journal, 1988, 6 (4)：314 – 324.

② Neely A. Exploring the Financial Consequences of the Servitization of Manufacturing. Operations Management Research ［J］. 2008, 12 (1)：103 – 118.

③ Baines T. S. , Lightfoot H. W. , Evans S. , et al. State – of – the – art in Product – Service Systems ［J］. Journal of Engineering Manufacture, 2007, 221 (10)：1543 – 1552.

④ Szalavea. Tertiarization of Manufactming Industry in the New Economy ［R］. IWE, 2003：134.

⑤ 刘玉荣，刘芳. 制造业服务化与全球价值链提升的交互效应——基于中国制造业面板联立方程模型的实证研究 ［J］. 现代经济探讨, 2018 (9)：46 – 55.

我国与先进国家制造业服务化的差距，明确制造业服务化的发展方向，进而推动制造业提质升级。

第一节 研究综述与数据说明

一、研究综述

目前，国内外学者对制造业服务化的研究主要包括以下几个方面：

1. 研究制造业服务化水平

从评价制造业服务化水平的方法来看，基本可以分为三类：第一类是基于服务中间投入占比的完全消耗系数。如刘斌和王乃嘉（2016）采用服务业投入占制造业生产总投入的比重研究制造业服务化水平。第二类是采用调查数据和企业数据反映制造业服务化水平。如黄群慧和霍景东（2014）的研究。第三类是基于服务增加值投入占比的增加值率。如吴永亮和王恕立（2018）研究了中国制造业产出中国内及国外服务业增加值投入。戴翔（2019）、彭水军等（2017）计算了中国制造业出口中的国内及国外服务附加值。

2. 研究制造业服务化的影响因素

Gunte（2010）、Saara（2011）认为，制造业服务投入决定于企业的服务战略、产品类型和价值链位置以及企业层面因素。刁莉等（2018）认为，生产性服务进口促进了我国制造业服务化。刘玉荣等（2018）发现，参与 GVC 对中国实现制造业服务化，尤其对高技术制造业服务化有正向作用。戴翔（2016）研究了垂直专业化、服务贸易开放度、制造业创新能力等因素对制造业服务化的影响。

3. 研究制造业服务化的效应

Vandermerwe 等（1988）、Robinson 等（2002）认为，服务要素投入有助于提升制造业企业国际竞争力。Baines 等（2009b）认为，企业可通过制造业服务化提高产品附加值率。Crozet 等（2014）、陈丽娴等（2017）研究认为，制造业服务化有助于提升企业绩效、出口产品复杂度及资本密集度。李琳等（2018）认为，制造业服务化对全要素生产率具有"马鞍型"影响效应。戴翔等（2019）认为，增加国内服务投入对制造业价值链升级有正向影响。

鉴于当前鲜有学者从服务增加值投入的角度对中国与主要发达国家的制造业服务化进行比较，本章运用 Timmer（2013）的 GVC 解构方法（具体方法见第二章），对中国与美国、德国、日本制造业产品全球价值链进行分解，计算各国制造业产品增加值中服务业的增加值投入，并对各国制造业服务化水平及结构进行比较研究。本章的创新有四个方面：一是对中、美、德、日制造业整体和不同类型制造业的服务化水平进行比较；二是对影响中、美、德、日制造业服务化的主要国家进行比较；三是对影响中、美、德、日制造业服务化的服务行业进行比较；四是研究参与 GVC 对中、美、德、日制造业服务化的影响。

二、数据说明

本章将某国某产品增加值中所有国家服务业获得的增加值占比定义为 SVAC，并用它来表示该产品的服务化水平，将国内服务业获得的增加值占比定义为 SDVAC，将外国服务业获得的增加值占比定义为 SFVAC。

本章数据来自世界投入产出数据库（WIOD）。本章的部门分类根据国际行业划分标准，C1 ~ C4 是初级产品和资源产品部门，C5 ~ C23 是制造业部门，总计 19 个，C24 ~ C56 是服务业部门；其中，制造业分为知识密集型制造业、劳动密集型制造业和资本密集型制造业；服务业按大类划分为知识密集型、劳动密集型、资本密集型服务业，按行业划分为金融服务业，商务服务业，娱乐文化服务业，批发零售餐饮服务业，建筑与房地产服务业，运输服务业，通信邮政服务业以及健康、教育与社会公共服务业 8 类（根据世界贸易组织统计和信息系统局（SISD）的国际服务贸易分类表）（见表 8 - 1）。本章在分析影响中、美、德、日制造业服务化的主要国家时共涉及 9 个分析对象：美国、日本、韩国、中国台湾、欧盟、巴西、俄罗斯、印度以及其余所有国家。

表8-1 各部门分类对应的代码

	部门的分类	代码
制造业分类	知识密集型制造业	C11、C12、C16～C21
	劳动密集型制造业	C6、C7、C22、C23
	资本密集型制造业	C5、C8～C10、C13～C16
服务业分类	知识密集型服务业	C37、C38、C40～C43、C45～C50
	劳动密集型服务业	C27～C30、C36、C55
	资本密集型服务业	C24～C26、C31～C35、C39、C44
服务业分行业	金融服务业	C41～C43
	商务服务业	C40、C45～C49
	娱乐文化服务业	C37、C38
	批发零售餐饮服务业	C28～C30、C36
	建筑与房地产服务业	C27、C44
	运输服务业	C31～C34
	通信邮政服务业	C35、C39
	健康、教育和社会公共服务业	C51～C54、C56

第二节 中国与美、德、日制造业服务化的比较

一、制造业服务化水平的比较

1. 制造业整体的服务化水平

由表8-2可以看到，2014年中国制造业整体的服务化水平为29.68%，高于日本（29.12%），但是和美国（32.05%）仍有一定差距，与德国（38.54%）的差距较大。国内服务业对中国制造业服务化的贡献仅次于美国，国外服务业对中国制造业服务化的贡献低于美国、德国和日本，特别是与德国差距较大。制约中国制造业服务化的主要原因是国内制造业以组装、加工为

主，主要依赖成本优势和价格竞争，仍处在全球价值链的低端环节①。

从变化趋势看，2002～2014 年，中国制造业服务化水平有一定提高，从 26.18%提升到了 29.68%。而美、德、日制造业服务化水平较为稳定，其中，美国和日本制造业服务化水平略有下降，德国略有提高。这说明中国制造业服务化的发展速度高于美、德、日，其制造业服务化处于上升期。国内服务业对中国制造业服务化的贡献提升较大，国外服务业的贡献有所下降。而对美、德、日来说，国内服务业对其制造业服务化的贡献呈下降趋势，分别从 28.88%、27.43%、27.38%下降为 25.97%、23.88%和 21.39%，与此同时，国外服务业对三国制造业服务化的贡献则呈上升趋势。其主要原因是，随着经济全球化的发展，美、德、日等国为降低成本，提高竞争力，将非核心服务外包给发展中国家，而它们则主要从事核心服务环节，以实现优势互补。

表 8-2　中、美、德、日的制造业服务化水平比较　　　　单位:%

年份	国家	SVAC	SDVAC	SFVAC
2002	中国	26.18	19.91	6.26
	美国	33.35	28.88	4.48
	德国	37.55	27.43	10.12
	日本	31.33	27.38	3.95
2008	中国	25.94	18.72	7.22
	美国	30.99	24.95	6.04
	德国	38.99	26.37	12.63
	日本	30.75	24.21	6.54
2014	中国	29.68	24.40	5.28
	美国	32.05	25.97	6.08
	德国	38.54	23.88	14.65
	日本	29.12	21.39	7.73

资料来源：根据 WIOD 数据库的数据计算得出。

---

① 黄群慧，霍景东. 全球制造业服务化水平及其影响因素——基于国际投入产出数据的实证分析 [J]. 经济管理，2014，36（1）：1-11.

2. 不同类型制造业的服务化水平

由表 8-3 可以看到，中国知识密集型制造业的服务化水平较劳动密集型制造业和资本密集型制造业高，2014 年为 33.39%，高于美国和日本，与德国（35.30%）还有一定差距；国内服务业对知识密集制造业服务化的贡献提升，且高于美、德、日，而国外服务业的贡献（6.64%）则有所下降，低于美、德、日，尤其是与德国（13.72%）差距较大。可见，中国知识密集型制造业的服务化趋势更为明显，技术密集度是影响中国制造业服务化的一个重要因素。

表 8-3　中、美、德、日不同类型制造业的服务化水平　　单位:%

年份	制造业分类	国家	SVAC	SDVAC	SFVAC
2002	知识密集型制造业	中国	29.14	21.17	7.97
		美国	32.59	27.58	5.01
		德国	35.60	25.22	10.38
		日本	33.60	29.41	4.19
	劳动密集型制造业	中国	25.28	19.17	6.11
		美国	33.00	29.18	3.82
		德国	35.95	25.97	9.98
		日本	35.54	31.87	3.67
	资本密集型制造业	中国	22.04	17.04	5.00
		美国	34.76	30.92	3.85
		德国	42.27	32.65	9.61
		日本	27.24	23.64	3.61
2008	知识密集型制造业	中国	29.58	20.31	9.27
		美国	31.43	24.94	6.48
		德国	37.09	24.44	12.64
		日本	32.28	25.96	6.33
	劳动密集型制造业	中国	23.50	19.00	4.50
		美国	32.63	27.95	4.68
		德国	36.91	25.71	11.21
		日本	36.92	31.41	5.51

续表

年份	制造业分类	国家	SVAC	SDVAC	SFVAC
2008	资本密集型制造业	中国	20.24	15.30	4.94
		美国	30.05	24.21	5.84
		德国	43.95	30.87	13.08
		日本	27.66	20.69	6.97
2014	知识密集型制造业	中国	33.39	26.75	6.64
		美国	31.41	24.57	6.84
		德国	35.30	21.59	13.72
		日本	31.15	23.05	8.10
	劳动密集型制造业	中国	26.39	22.75	3.64
		美国	34.56	29.61	4.95
		德国	36.17	23.78	12.40
		日本	34.92	28.50	6.42
	资本密集型制造业	中国	23.52	20.24	3.28
		美国	32.33	26.99	5.34
		德国	46.26	28.87	17.39
		日本	25.67	18.44	7.23

资料来源：根据 WIOD 数据库的数据计算得出。

中国劳动密集型制造业和资本密集型制造业的服务化水平较低，和美、德、日差距较大，国内服务业和国外服务业对这两类制造业服务化的贡献都较低，与美、德、日有较大差距。产生这一现象的原因在于：一方面，发达国家经济的服务化水平普遍较高，要素禀赋和技术水平与中国有巨大差异，因此，即使是劳动密集型制造业和资本密集型制造业，也实现了自动化和智能化；另一方面，由于发达国家注重本国传统优势制造业发展，在促进先进制造业服务化过程中，其十分重视传统劳动和资源密集型制造业向服务化转型和资本密集型制造业向"产品＋服务包"的纵向服务化升级①。因此，美、德、日劳动密集型制造业和资本密集型制造业与知识密集型制造业的服务化水平差别不大，

---

① 杨玲．长江经济带制造业服务化水平测度及其特征研究 [J]．当代财经，2019 (6)：106－118.

其至超过了知识密集型制造业的服务化水平。

从变化趋势看，2002～2014年，中国知识密集型制造业的服务化水平有较大提升，提升了4.25%，这主要归功于国内服务业贡献的提高，国外服务业的贡献则有所下降。中国劳动密集型制造业和资本密集型制造业的服务化水平提升幅度较小，它们的提升也主要归功于国内服务业的贡献。美、德、日三类制造业的服务化水平变化不大，其中，三国知识密集型制造业的服务化水平略有下降，美国和德国的劳动密集型制造业、德国资本密集型制造业的服务化水平有所提高。三国制造业服务化都主要归功于国外服务业贡献的大幅提升，国内服务业的贡献都有较大下降。

二、影响制造业服务化的主要国家

本章选取与中、美、德、日贸易活动频繁且数据较大的一些经济体，计算了制造业增加值中各国服务业增加值投入占总服务业增加值投入所占的比重，以考察不同经济体对各国制造业服务化的影响。结果表明（见表8－4），2014年中国制造业增加值中国内服务业增加值投入占了80%以上的比重，而国外服务业增加值投入的比重较小，其国外服务业增加值投入的主要国家（地区）是欧盟、美国、日本、韩国，说明东亚、美国和欧盟对中国制造业服务化的影响较大；美国制造业增加值中国内服务业占了接近80%的比重，国外服务业增加值投入的主要国家（地区）是欧盟、中国和日本，说明东亚和欧盟对美国制造业服务化的影响较大；德国制造业增加值中国内服务业增加值投入只占了60%多的比重，国外服务业增加值投入所占的比重较高，国外服务业增加值投入的主要国家是欧盟、美国、中国和俄罗斯，说明美国、欧盟、东亚和俄罗斯对德国制造业服务化的影响较大；日本制造业增加值中国内服务业占了70%多的比重，国外服务业增加值投入的主要国家是欧盟、中国、美国、俄罗斯、韩国，说明东亚、欧盟、美国和俄罗斯对日本制造业服务化的影响较大。可见，影响中、美、德、日制造业服务化的主要国家（地区）基本一致，但影响德、日制造业服务化的主要国家相对中、美更加多元化。

表 8 − 4 2002 ~ 2014 年影响中、美、德、日制造业服务化的主要国家和地区

国家和地区	中国		美国		德国		日本	
	2000 年	2014 年	2000 年	2014 年	2000 年	2014 年	2000 年	2014 年
中国	76.72	82.21	0.37	2.06	0.46	2.11	0.62	3.81
欧盟	4.67	3.80	3.92	5.15	87.11	84.46	2.01	3.86
日本	3.80	1.23	1.65	0.96	1.24	0.60	88.50	73.45
美国	2.53	1.72	85.48	81.04	3.75	3.70	2.47	2.71
韩国	1.42	1.19	0.39	0.55	0.26	0.33	0.52	1.04
中国台湾	1.48	0.53	0.32	0.27	0.21	0.17	0.37	0.54
俄罗斯	0.60	0.70	0.23	0.43	0.86	1.60	0.23	1.49
巴西	0.27	0.43	0.22	0.36	0.18	0.30	0.12	0.35
印度	0.18	0.25	0.13	0.32	0.18	0.33	0.08	0.27
其他	8.33	7.93	0.37	2.06	5.77	6.41	5.08	12.49

资料来源：根据 WIOD 数据库的数据计算得出。

从变化趋势看，中国国内服务业增加值投入占比上升，国外服务业增加值投入占比下降，美国、欧盟和东亚对中国制造业服务化的影响下降，其中日本的影响下降幅度最大，金砖国家的影响略有提升。对美、德、日制造业服务化来说，国外服务业增加值投入上升，影响程度加深，特别是中国的影响程度大幅提高，其他金砖国家特别是俄罗斯的影响程度也有较大提升，但是日本的影响有所下降。可见，中国制造业服务化对美国、日本和欧盟的依赖程度下降，对其他金砖国家服务要素的利用程度还较低，合作空间较大。

三、服务业分行业对制造业服务化的贡献

1. 各类服务业对制造业服务化的贡献

由表 8 − 5 可以看到，首先是劳动密集型服务业对中国制造业服务化的贡献最高，2014 年为 35.17%，其次是知识密集型服务业和资本密集型服务业，分别为 30.06% 和 29.44%，教育、健康和公共服务业的贡献最低，为 5.33%。比较而言，知识密集型服务业对中国制造业服务化的贡献远远低于美、德、日，特别是美国（44.85%）和德国（39.43%）。劳动密集型服务业对中国制

造业服务化的贡献大大超过美国和德国，资本密集型服务业对中国制造业服务化的贡献也高于美、德、日，而教育、健康和公共服务业的贡献则略低于美、德、日。这说明知识密集型和提高人力资本素质的服务业对中国制造业服务化的贡献仍相对较低。

表8-5　各类服务业对中、美、德、日制造业服务化的贡献　　单位:%

		2000			2014			变化		
		SVAC	SDVAC	SFVAC	SVAC	SDVAC	SFVAC	SVAC	SDVAC	SFVAC
知识密集型服务业	中国	22.81	15.49	7.32	30.06	24.07	5.99	7.25	8.58	-1.33
	美国	43.15	37.71	5.44	44.85	37.60	7.25	1.70	-0.11	1.81
	德国	40.07	29.90	10.17	39.43	24.77	14.66	-0.64	-5.13	4.49
	日本	33.45	30.02	3.43	34.07	25.91	8.16	0.62	-4.11	4.74
劳动密集型服务业	中国	34.38	26.85	7.53	35.17	29.74	5.43	0.79	2.88	-2.10
	美国	27.68	23.41	4.27	27.53	21.95	5.58	-0.16	-1.46	1.31
	德国	25.18	16.52	8.66	25.91	14.75	11.16	0.73	-1.77	2.50
	日本	38.10	34.25	3.85	36.59	27.98	8.61	-1.51	-6.27	4.76
资本密集型服务业	中国	37.73	30.75	6.98	29.44	23.97	5.47	-8.29	-6.78	-1.51
	美国	22.69	18.52	4.16	21.74	16.47	5.27	-0.94	-2.05	1.11
	德国	29.97	21.10	8.87	29.01	18.80	10.21	-0.96	-2.30	1.34
	日本	24.63	20.94	3.69	25.06	16.50	8.56	0.43	-4.45	4.87
教育、健康和公共服务业	中国	5.08	3.63	1.45	5.33	4.43	0.90	0.25	0.80	-0.55
	美国	6.48	5.84	0.64	5.88	5.01	0.87	-0.60	-0.82	0.23
	德国	4.78	3.20	1.59	5.65	3.66	1.99	0.86	0.46	0.40
	日本	3.82	3.29	0.53	5.67	3.07	2.60	1.85	-0.22	2.07

资料来源：根据WIOD数据库的数据计算得出。

从变化趋势看，知识密集型服务业对中国制造业服务化的贡献由2000年的22.81%提升到了2014年的30.06%，提升幅度大大超过了美、德、日；劳动密集型服务业和教育、健康和公共服务业对中国制造业服务化的贡献略有提升，资本密集型服务业的贡献下降幅度较大。而美、德、日方面，知识密集型服务业对美、日制造业服务化的贡献有所提高，教育、健康和公共服务业对日、德制造业服务化的贡献有一定提高，劳动密集型服务业对日本制造业服务化贡献下降，其他各类服务业对美、德、日制造业服务化的贡献总体来看变化不大。这说明中国制造业服务化仍处于上升和发展阶段，结构不断优化，知识密集型和提高人力资本素质的服务化对制造业服务业贡献提升；而美、德、日制造业服务化处于稳定和成熟阶段，结构略有优化和调整。

2. 分行业服务业对制造业服务化的贡献

由表 8-6 可以看到，对中国制造业服务化贡献最大的部门是批发零售餐饮业，2014 年贡献率为 34.08%，其次是金融服务（16.20%）和运输服务（14.14%），商务服务的贡献相对较低（12.39%）。而对美、德、日制造业服务化贡献较大的服务部门是批发零售餐饮服务和商务服务。比较而言，批发零售餐饮、金融和运输服务对中国制造业服务化的贡献高于美、德、日，特别是批发零售餐饮服务的贡献值远远超过美国和德国，这表明中国制造业企业对销售、金融和运输服务的依赖度较高。而商务服务，娱乐文化服务，通信邮政服务以及健康、教育和公共服务对中国制造业服务化的贡献低于美、德、日，尤其是商务服务对中国制造业服务化的贡献值（12.39%）大大低于美、德、日（25.58%、19.86%、16.65%）。商务服务包含了计算机信息、法律、咨询、市场推广、研发和技术服务等知识技术密集型服务，这些高级生产者服务所内含的无形知识，是难以竞争、难以模仿及可持续创造价值的要素，会直接影响制造业的高端化发展和转型升级。可见，中国制造业核心能力提升所需的品牌、技术、人才、渠道、客户等无形资产和知识资产支持仍严重不足，制造业服务化结构仍不合理，知识技术密集型服务投入还有很大的提升空间。

从变化趋势看，商务服务和金融服务对中国制造业服务化的贡献大幅提高，健康、教育和公共服务的贡献有所提高，而运输服务和邮政通信服务的贡献则有所下降。这进一步表明在中国制造业服务化进程中，知识技术密集型和提高人力资本素质的服务投入有所提高，结构逐步改善。而对美、德、日来说，商务服务对美、日制造业服务化的贡献有较大提高，运输服务对美、德、日制造业服务化的贡献有一定提高，健康、教育和公共服务对德、日制造业服务化的贡献有所提升；而批发零售服务对美、日制造业服务化的贡献下降，金融服务对美、日制造业服务化的贡献有所下降。可见，美、德、日制造业服务化的结构总体上向优化方向发展，知识密集型和人力资本素质的服务投入进一步提高。

表8-6 分行业服务业对中、美、德、日制造业服务化的影响　　单位:%

		2000 年			2014 年			变化		
		SVAC	SDVAC	SFVAC	SVAC	SDVAC	SFVAC	SVAC	SDVAC	SFVAC
金融服务	中国	13.14	10.77	2.37	16.20	14.28	1.93	3.06	3.51	-0.44
	美国	9.42	8.14	1.29	7.93	5.92	2.01	-1.49	-2.22	0.73
	德国	6.20	4.00	2.20	6.38	3.22	3.16	0.18	-0.78	0.96
	日本	13.48	12.45	1.03	11.60	8.37	3.23	-1.88	-4.08	2.20
商务服务	中国	8.07	4.65	3.42	12.39	9.53	2.86	4.32	4.88	-0.56
	美国	21.56	19.69	1.87	25.58	22.66	2.92	4.02	2.97	1.05
	德国	22.01	16.74	5.27	19.86	11.73	8.13	-2.15	-5.01	2.86
	日本	14.25	12.70	1.54	16.65	13.18	3.47	2.40	0.48	1.93
娱乐文化服务	中国	0.33	0.00	0.33	0.20	0.00	0.20	-0.12	0.00	-0.12
	美国	1.58	1.41	0.17	1.61	1.43	0.18	0.02	0.02	0.01
	德国	1.82	1.21	0.61	1.27	0.74	0.53	-0.55	-0.47	-0.08
	日本	2.34	2.18	0.15	2.05	1.83	0.22	-0.29	-0.35	0.07
批发零售餐饮服务	中国	33.51	26.39	7.12	34.08	29.07	5.01	0.57	2.68	-2.11
	美国	26.29	22.28	4.01	26.07	20.90	5.17	-0.22	-1.38	1.16
	德国	22.76	14.71	8.05	22.99	13.02	9.97	0.23	-1.69	1.92
	日本	35.12	31.59	3.52	33.67	26.08	7.60	-1.44	-5.52	4.07
建筑与房地产服务	中国	3.96	2.81	1.15	5.57	4.53	1.04	1.62	1.72	-0.11
	美国	5.83	5.11	0.72	5.79	4.77	1.03	-0.04	-0.34	0.31
	德国	11.10	9.41	1.69	10.67	8.05	2.62	-0.43	-1.36	0.93
	日本	4.22	3.67	0.56	4.75	3.18	1.57	0.53	-0.49	1.01
运输服务	中国	19.10	15.99	3.11	14.14	11.57	2.57	-4.97	-4.43	-0.54
	美国	8.48	6.64	1.84	9.29	6.98	2.31	0.81	0.34	0.46
	德国	11.51	7.67	3.84	11.75	7.14	4.61	0.24	-0.53	0.77
	日本	10.67	8.73	1.94	12.46	8.42	4.04	1.79	-0.32	2.10

		2000 年			2014 年			变化		
		SVAC	SDVAC	SFVAC	SVAC	SDVAC	SFVAC	SVAC	SDVAC	SFVAC
通信邮政服务	中国	4.36	3.60	0.76	2.36	1.93	0.42	−2.00	−1.67	−0.33
	美国	3.25	2.84	0.40	2.50	2.08	0.42	−0.75	−0.76	0.01
	德国	3.33	2.39	0.94	2.51	1.60	0.91	−0.82	−0.79	−0.04
	日本	3.61	3.25	0.36	3.28	2.68	0.59	−0.33	−0.57	0.23
健康教育和公共服务	中国	5.08	3.63	1.45	5.33	4.43	0.90	0.25	0.80	−0.55
	美国	6.48	5.84	0.64	5.88	5.01	0.87	−0.60	−0.82	0.23
	德国	4.78	3.20	1.59	5.65	3.66	1.99	0.86	0.46	0.40
	日本	3.82	3.29	0.53	5.67	3.07	2.60	1.85	−0.22	2.07

资料来源：根据 WIOD 数据库的数据计算得出。

四、参与全球化对各国制造业服务化的影响

为了量化参与全球价值链对制造业服务化的影响，本书借鉴吴永亮（2018）构建的参与全球化生产对制造业服务化的影响因子，令其为 ε，则

$$\varepsilon = SFVAC/SVAC \qquad (8-1)$$

其中，ε 表示某产品增加值中国外服务业增加值占比在世界所有服务业增加值占比中的比重，反映国外服务业投入对总服务业投入的影响：该值越大，表示国外服务业对该国制造业服务化的影响越强；反之，则越弱。同理，可以得出国内服务业投入对制造业服务化的影响因子 δ，则

$$\delta = 1 - \varepsilon \qquad (8-2)$$

其中，δ 越大，表示国内服务业对该国某产品制造业服务化的影响越强；反之，则越弱。

1. 国内外分行业服务业对制造业服务化的影响

由表 8-7 可以看到，对中、美、德、日来说，国外服务业的影响都低于国内服务业的影响，这表明其制造业服务化主要依赖本国的服务部门。通过比较国外三类服务业对制造业服务化的影响因子，我们发现，国外知识密集型服务业对中国制造业服务化的影响最大，国外劳动密集型服务业和资本密集型服

务业对美国制造业服务化的影响较大，国外健康、教育和公共服务业以及资本密集型服务业对日本制造业服务化的影响最大；国外劳动密集型服务业对德国制造业服务化的影响最大。这说明各国制造业服务化过程中国外服务业与国内服务业是一种优势互补关系。与美、德、日相比，国外各类服务业对中国制造业服务化的影响都较低，说明中国制造业服务化的 GVC 参与度仍然较低，国外服务业在中国制造业服务化中发挥的作用还较小。

表 8 - 7　国内外各类服务业对中、美、德、日制造业服务化的影响因子

		知识密集型服务业		劳动密集型服务业		资本密集型服务业		教育和健康公共服务业	
		ε	δ	ε	δ	ε	δ	ε	δ
2000 年	中国	0.32	0.68	0.22	0.78	0.18	0.82	0.29	0.71
	美国	0.13	0.87	0.15	0.85	0.18	0.82	0.10	0.90
	德国	0.25	0.75	0.34	0.66	0.30	0.70	0.33	0.67
	日本	0.10	0.90	0.10	0.90	0.15	0.85	0.14	0.86
2014 年	中国	0.20	0.80	0.15	0.85	0.19	0.81	0.17	0.83
	美国	0.16	0.84	0.20	0.80	0.24	0.76	0.15	0.85
	德国	0.37	0.63	0.43	0.57	0.35	0.65	0.35	0.65
	日本	0.24	0.76	0.24	0.76	0.34	0.66	0.46	0.54

资料来源：根据 WIOD 数据库计算得出。

从变化趋势看，国外各类服务业对中国制造业服务化的影响呈现减弱趋势，特别是国外知识密集型服务业以及健康、教育和公共服务业的影响下降幅度较大，而国内各类服务业对中国制造业服务化的影响呈现增强趋势，说明随着国内知识密集型服务业以及教育、健康和公共服务业的发展，中国制造业对国外服务业的依赖程度降低；对美、德、日来说，国外服务业对其制造业服务化的影响呈现增强趋势，其中，国外知识密集型服务业对日本和德国制造业服务化的影响提升幅度较大，而国内服务业的影响呈现减弱趋势。可见，在参与GVC 方面，中国制造业服务化和主要发达国家呈现出不一致的发展趋势。

通过进一步比较国内外分行业服务业对各国制造业服务化的影响（见表

8－8），我们发现，国外商务服务对中国制造业服务化的影响最大，2014 年 ε 为 0.23，大大超过国外服务业对中国制造业服务化影响的平均值，这说明中国对国外高级生产者服务的依赖程度相对较高，不过相比 2000 年的 0.42，商务服务的 ε 值有较大幅度的下降。国外健康、教育和公共服务业对日本制造业服务化的影响最大，ε 为 0.46，其次是建筑地产和运输服务业，ε 在 0.3 以上；国外金融服务和运输服务对美国制造业服务化的影响更明显，ε 为 0.25；而国外金融服务对德国制造业服务化的影响最大，ε 达到 0.5，商务服务、娱乐文化服务和批发零售服务的 ε 也在 0.4 以上。将中国与美、德、日进行比较发现，除了国外商务服务和通信邮政服务，其他国外服务对中国制造业服务化的影响都相对较弱。

以上分析说明，中国制造业服务化的 GVC 影响因子较低，全球化分工体系对中国制造业服务化所起的作用有所减弱，国外商务服务等知识密集型服务对中国制造业服务化的影响相对较强，其他国外服务对中国制造业服务化的影响相对较弱；而美、德、日制造业服务化的 GVC 影响因子不断提高，全球化分工体系对它们制造业服务化所起的作用日益增强。

表 8－8　国内外分行业服务业对中、美、德、日制造业服务化的影响因子

		2000 年				2014 年			
		中国	美国	德国	日本	中国	美国	德国	日本
金融服务	ε	0.18	0.14	0.36	0.08	0.12	0.25	0.50	0.28
	δ	0.82	0.86	0.64	0.92	0.88	0.75	0.50	0.72
商务服务	ε	0.42	0.09	0.24	0.11	0.23	0.11	0.41	0.21
	δ	0.58	0.91	0.76	0.89	0.77	0.89	0.59	0.79
娱乐文化服务	ε	0.00	0.11	0.33	0.07	0.00	0.20	0.42	0.11
	δ	1.00	0.89	0.67	0.93	1.00	0.80	0.58	0.89
批发零售与餐饮服务	ε	0.21	0.15	0.35	0.10	0.15	0.20	0.43	0.23
	δ	0.79	0.85	0.65	0.90	0.85	0.80	0.57	0.77
建筑业房地产服务	ε	0.16	0.12	0.15	0.13	0.19	0.18	0.25	0.33
	δ	0.84	0.88	0.85	0.87	0.81	0.82	0.75	0.67

续表

		2000 年				2014 年			
		中国	美国	德国	日本	中国	美国	德国	日本
运输服务	ε	0.16	0.22	0.33	0.18	0.18	0.25	0.39	0.32
	δ	0.84	0.78	0.67	0.82	0.82	0.75	0.61	0.68
通信邮政服务	ε	0.17	0.12	0.28	0.10	0.18	0.17	0.36	0.18
	δ	0.83	0.88	0.72	0.90	0.82	0.83	0.64	0.82
健康、教育和公共服务	ε	0.29	0.10	0.33	0.14	0.17	0.15	0.35	0.46
	δ	0.71	0.90	0.67	0.86	0.83	0.85	0.65	0.54

资料来源：根据 WIOD 数据库的数据计算得出。

2. 国内外服务业对不同类型制造业服务化的影响

由表 8 - 9 可以看到，国外服务业对中、美、德、日知识密集型制造业服务化的影响都较高，这说明各国知识密集型制造业的服务化更依赖参与 GVC；此外，国外服务业对德国和日本资本密集型制造业服务化的影响也较大，但是，对美、德、日劳动密集型制造业服务化的影响较弱。将四个国家进行横向比较可以发现，国外服务业对中国知识和资本密集型制造业服务化的影响因子都低于美、德、日，这表明参与 GVC 对中国知识和资本密集型制造业服务化的影响弱于主要发达国家，对中国知识和资本密集型制造业服务化的作用还有待发挥。随着时间推移，参与 GVC 对中国三类制造业服务化的影响都有所下降，其中，对劳动密集型制造业服务化的影响下降幅度最大，而参与 GVC 对美、德、日三类制造业服务化的影响都有所上升，其中，对三国资本密集型制造业服务化的影响上升幅度最大。

表 8 - 9　国内外服务业对中、美、德、日不同类型制造业服务化的影响因子

		2000 年		2014 年	
		ε	δ	ε	δ
知识密集型制造业	中国	0.28	0.72	0.19	0.81
	美国	0.20	0.80	0.22	0.78
	德国	0.31	0.69	0.39	0.61
	日本	0.12	0.88	0.26	0.74

续表

		2000 年		2014 年	
		ε	δ	ε	δ
劳动密集 型制造业	中国	0.33	0.67	0.18	0.82
	美国	0.13	0.87	0.14	0.86
	德国	0.30	0.70	0.34	0.66
	日本	0.10	0.90	0.18	0.82
资本密集型 制造业	中国	0.23	0.77	0.10	0.90
	美国	0.11	0.89	0.17	0.83
	德国	0.29	0.71	0.38	0.62
	日本	0.12	0.88	0.28	0.72

资料来源：根据 WIOD 数据库计算得出。

第三节　研究结论

本章通过对中、美、德、日制造业全球价值链进行分解，计算国内和国外服务业对各国制造业的增加值投入，并对各国制造业服务化水平、影响制造业服务化的主要国家、服务分行业对制造业服务化的影响以及参与 GVC 对制造业服务化的影响进行比较研究。得出以下结论：

中国制造业服务化水平有所提高，其发展速度高于主要发达国家，但中国制造业服务化水平和美国、德国仍有一定差距，特别是与德国差距较大。国内服务业对中国制造业服务化的贡献有较大提高，国内服务有替代国外服务的趋势。而主要发达国家则由于服务外包的发展，呈现国外服务替代国内服务的趋势。

中国知识密集型制造业的服务化趋势更为明显，服务化水平与主要发达国家的差距较小，但对国外服务的依赖度较其他两类制造业更高。中国劳动和资本密集型制造业的服务化水平与主要发达国家的差距很大，提升幅度也较小。

中国制造业服务化对美欧、东亚的依赖程度有所下降，对其他金砖国家服务要素的利用程度还较低，合作空间较大。而美、德、日制造业服务化对国外服务业的依赖度加深，对金砖国家服务业的依赖度有较大提高，对日本的依赖度下降。

中国制造业服务化主要依赖劳动密集型和资本密集型服务业，商务服务等知识密集型服务业与健康、教育和公共服务业的贡献低于美、德、日。虽然中国制造业服务化的结构不断优化，但知识密集型和提高人力资本素质的服务投入还有待提高。与此同时，美、德、日制造业服务化的结构不断优化，知识密集型和提高人力资本素质的服务投入进一步提高。

全球化分工体系对中国制造业服务化的作用有所减弱，国外商务服务等知识密集型服务业对中国制造业服务化的影响相对较强，其他国外服务对中国制造业服务化的影响相对较弱；参与 GVC 对中、美、德、日知识密集型制造业服务化的影响都较大，说明知识密集型制造业的服务化更依赖参与 GVC；但是，相比主要发达国家，参与 GVC 对中国知识和资本密集型制造业服务化的作用仍较小。

第九章 中国制造业价值链地位升级的机制与路径研究

第一节 研究结论

本书的研究得出以下主要结论：

第一，发展中国家价值链分工地位升级的路径，应从简单地加入发达国家主导的 GVC，过渡到转变加入 GVC 的方式，在此基础上，逐步向构建自主型 GVC，即融合 GVC 驱动与国内市场和新兴市场引致创新的平衡增长路径过渡。

第二，中国处于资本、资源密集产品全球价值链的中端，分工地位显著提升；处于劳动密集型产品全球价值链的中低端，分工地位有一定提升；处于技术密集型产品全球价值链中的中低端，分工地位没有提升或提升很小。这说明越是高技术部门，中国越会通过从事加工装配等下游环节参与国际分工，面临的"锁定"风险越大。对于劳动密集型行业和资本、资源密集型行业，由于加工贸易并不是中国参与国际分工的主要方式，因此，通过较低价值链的产品生产和对技术的消化吸收，能够逐渐进行工艺升级和产品升级；而更多地依赖于本地市场需求和自身能力的行业，则更容易提升在国际分工体系中的地位。

第三，中国对亚太国家（地区）制造业产品增加值的贡献大幅提升，对多数亚太国家（地区）制造业产品的增加值贡献已大大超过美国和日本，中国对亚太价值链的影响力逐步增强；美国和日本对亚太国家（地区）制造业增加值的贡献率下降较大，区域影响力削弱。在亚太国家和地区制造业价值链中，中国的地位提升幅度较大，而美国和日本的地位则总体下降，特别是美国在中国和印度制造业价值链中的地位下降幅度较大，中国与美国、日本在亚太制造业价值链中的地位不断拉近。因此，中国在亚太价值链竞争中具有较大的优势，中国重构亚太价值链具有坚实的基础。

第四，发达国家国内需求对价值链地位提升的作用较大，发展中国家国内需求对其价值链地位的影响具有 U 形效应，从短期看，对价值链地位的提升有不利影响，但从长期看，则有助于价值链升级。新兴市场需求对发达国家和发展中国家价值链地位的影响不显著。知识密集型服务业较大程度地促进了价值链升级，但发展中国家知识密集型服务业对制造业的溢出效应仍有待提升。人力资源禀赋也是价值链地位提升的主要驱动力，发展中国家高素质劳动力对价值链升级具有更大的促进作用。生产分割对中国制造业分工地位具有促进作用。研发投入对提升中国制造业分工地位的作用尚不明显，但是，国内需求与研发投入两者相互作用有利于制造业分工地位的升级。

第五，中国与其他金砖国家绝大多数 GVC 的多数环节互补性较强，它们的价值链分工有向高端化发展的趋势。其他金砖国家与中国 GVC 的互补性相对较弱，且主要体现在资源产品及服务环节。其中，印度与中国 GVC 的互补性相对较强。中国与其他金砖国家基本具备了构建区域价值链的条件，中国在其中能够发挥主导性作用。

第六，中国制造业服务化水平有所提高，但与美国和德国仍有一定差距。知识密集型制造业的服务化趋势更加明显，服务化水平与主要发达国家差距较小；劳动和资本密集型制造业服务化水平和主要发达国家差距很大。中国制造业服务化对美、欧、日的依赖度大幅下降，对其他金砖国家的依赖度变化不大。知识密集型和提高人力资本素质的服务投入与美、德、日相比还有较大提升空间。全球化分工体系对中国制造业服务化所起的作用正在减弱，知识密集型服务对中国制造业服务化的影响相对其他服务较强，参与 GVC 对中国知识密集型制造业服务化的影响更显著，但国外服务部门对中国知识和资本密集型制造业服务化的影响弱于美、德、日。

第二节　政策建议

基于以上结论，本书提出提升中国制造业价值链地位的政策建议。

一、通过扩大内需战略的实施，逐步转向嵌入全球创新链，实现创新驱动发展

1. 转变经济发展战略，由"出口导向型"向"内需带动型"经济发展战略转变

单纯两头在外的加工贸易模式并不能有效提升国际分工地位，以不适当的方式把自己定位于劳动密集型环节，很容易在全球价值链的网络中被俘获，被长期锁定在产业链的低端。而从战略上平行构建国内价值链体系的后发国家却逐步实现了价值链的提升，如日本、韩国等。国内市场能够为企业的发展提供保障与动力。因此，要实现产业链向高端攀升，除了要促进传统"加工贸易"转型升级、增强国内"中间品"生产配套和出口能力，大力推进制造业企业自主创新，还需要转变经济发展战略，充分发挥国内市场的作用，通过构建国家价值链来实现分工获利能力的提升，由"出口导向型"向"内需带动型"经济发展战略转变。

2. 通过扩大内需战略的实施，逐步转向嵌入全球创新链，实现创新驱动轨道的发展

我国嵌入全球创新链，实现要素驱动和投资驱动向创新驱动轨道的发展基本路径是，要求企业加入或形成国内价值链，在此基础上形成全球创新链，即国内巨型企业或中国跨国公司处于价值链高端的治理者位置（价值链"链主"），它们根据市场需求（包括国外市场需求）和自己主导的研发设计向国内外企业发包，使全球生产要素供给企业成为自己的供应商或形成全球供应链，然后把产出向全球销售。也就是利用内需市场的吸引力促进企业从加入全

球价值链走向加入全球创新价值链①。

二、充分发挥国内市场需求和新兴市场需求在价值链升级中的作用

1. 重视国内需求对价值链升级的作用

（1）创造先发性需求。就我国情况来说，先发性需求很少存在也是难以存在的。由于我国经济、技术、社会发展的人均水平还较低，对新技术、新产品的整体需求层次明显要落后于欧美发达国家。尤其是对一些初创的、创新性强的产品或服务的需求，大多是在国外的示范和带动下产生的。我国产业发展的一个基本模式是，进口技术产品被普遍接受，从而形成市场需求；或者国内的消费者在外国消费者消费行为的示范下开始认知和了解某种产品或服务，然后才开始产生消费这种产品或服务的欲望和消费行为，中国企业开始仿制或接受技术转移。因此，国内市场很少产生对创新技术产品或服务的先发性需求。尽管我国的普通消费者在先发性需求方面难以有所作为，但是，政府可以按照"有所为，有所不为"的政策在某些产业领域制定一些技术攻关计划，通过政府采购创造出一些先发性的市场需求，从而诱导技术创新。

（2）鉴于国内需求对技术创新的巨大作用，国家应当继续实施鼓励消费政策，引导和鼓励消费者购买国内产品，使国内需求规模不断扩大。

（3）切实保护消费者权益，培养消费者的挑剔性需求。既然消费者的挑剔可以促进技术创新，从而提高产业国际竞争力，那么我们就应该想方设法刺激消费者对产品提要求甚至挑剔的行为，并营造一种良好的市场经济和法制健全的社会环境来诱导消费者的挑剔行为。我们需要进一步加强技术、质量监督方面的立法和执法工作，参照国际先进水平制定严格的产品质量标准，狠狠打击假冒伪劣产品，最大限度地保护消费者的正当权益；也需要建立畅通的信息交流渠道促进厂商和消费者之间的交流，对有关产品质量方面的政策、法规进行更广泛的宣传，促进国民质量意识的进一步提高，同时还要鼓励消费者的投

---

① 刘志彪. 从全球价值链转向全球创新链：新常态下中国产业发展新动力［J］. 学术月刊，2015（2）：5－15.

诉和对产品设计、生产的建议[①]，为创新技术提供市场保证。

2. 发掘新兴市场需求在价值链升级中的作用

应利用"一带一路"沿线国家的发展机遇，根据沿线国家的消费需求，促进出口市场的多元化，开辟中国供给侧结构性改革新航路。虽然新兴市场需求对价值链升级的作用还不明显，但随着新兴市场的崛起和价值链区域化的发展，中国企业可以通过建立区域供应链和零售网以及南南价值链[②]，在扩大对新兴市场的出口规模和投资规模的同时，不断提高设计、营销、品牌等方面的能力。

可见，超越当下 GVC 驱动的外向型产业发展模式，把发展 GVC 分工和重视国内市场及新兴市场需求的制度创新结合起来，培育外向推动和内生拉动有效结合的产业升级动力机制，战略性发展本土跨国企业，构建融合 GVC 驱动与国内市场及新兴市场引致创新的平衡增长路径，才是实现中国未来产业升级的合意之策。

三、构筑完整协调的国内价值链，形成国内、国外价值链的互补与协调发展态势

中国区域经济发展存在明显的不平衡现象，区域间的经济发展程度与产业结构的差异性非常大，改革开放 40 多年来，中国东部地区开始走出低端劳动密集型的产业模式，目前正处于向高新技术产业转型升级的过程之中，但是，中西部地区依然还是以知识附加值不高的低端产业为主。可见，国内价值链分工体系还不够完善与协调，东、中、西部之间价值链分工体系的梯度调整空间较大。因此，我们对外要继续扩大开放，吸引更多的贸易伙伴，扩大贸易范围与贸易量，进一步提升在全球价值链分工体系中的参与度；对内需要突破原来区域间"经济割据"的局面，改革行政管理体制，既要发挥不同地区之间的

---

① 周怀峰. 国内市场需求对技术创新的影响 [J]. 中南财经政法大学研究生学报，2008 (5)：75 – 79.

② Lee J. , Gereffi G. Global Value Chains, Rising Power Firms and Economic and Social Upgrading [J]. Critical Perspectives on International Business, 2015 (7)：319 – 341.

比较优势，又要建立区域经济一体化的发展思路，构建区域互联互通的国内价值链分工体系。在具体策略方面，中西部地区需要加强基建投入，打造快速化的交通与信息体系，以有效地承接东部区域的产业转移；要建立东、中、西部资源互通、互补与互助机制，以充分发挥中西部区域的资源优势以及东部区域的技术与资本优势。通过构筑完整协调的国内价值链来消解全球价值链的不足，甚至还可以部分取代全球价值链，形成国内、国外价值链的互补与协调发展态势，以化解美国贸易保护主义政策带来的冲击①。

四、通过创新驱动来提升核心技术的研发效率，进一步拓展技术外溢渠道

美国对华实施贸易保护主义政策的实质就是将遏制中国的主要手段从军事遏制转向经济遏制，通过"中兴事件"与"华为事件"就可以看出，美国的阶段性目标就是要通过瓦解中国的发展战略来阻断中国的科技进步与产业升级，从而降低中国出口贸易的预期收益以及在全球价值链中的地位。

要打破中国长期处于全球价值链低端的尴尬局面，需要进一步改革科研体制，通过创新驱动来提升核心技术的研发效率。为此，要进一步优化现有的科技体制、科技政策、产业政策和财税、金融政策，使之更加科学化与民主化；要防止将大批资金盲目投入到某一领域，用整体思维与棋局思维引导各类产业资金有计划地投入到基础条件好的领域进行重点攻关；要用大视野与大胸怀来招揽产教研领域的人才进行联合攻关，改善和提升高科技人才的待遇和创新环境，特别要通过政策激励与资金投入的方式来提升企业的自主研发能力与核心技术的攻关能力；要用更加开放的姿态向包括美国在内的发达国家学习先进技术与管理经验，特别是在美国对中国实施技术封锁的时候，我们更需要利用中国智慧来争取美国法律和国际组织的力量以赢得对中国的有利局面；同时，要充分利用强大的市场吸引力来积极拓展先进技术的引进与吸收渠道，通过间接的诱发效应激励产业"二次创新"，从而促进产业自主研发，以逐步取代美国

---

① 张鸿镝. 美国贸易保护主义政策对全球价值链的挑战与中国应对 ［J］. 现代经济探讨，2019（9）：69－74.

在中国科技谱系中的"技术源"地位①。

五、积极重构亚太价值链

中国在亚太价值链竞争中具有较大的优势和发展潜力，中国重构亚太价值链具有坚实的基础。要进一步提升在亚太价值链中的地位，中国应调整国际经济战略，主动参与国际经贸规则制定，积极重构亚太价值链，进一步完善和提升由日、韩高端制造和服务、中国中高端制造和中端服务、东盟初级资源产品和中低端制造构成的区域价值链体系。

1. 实施中、日、韩协同创新驱动战略

加强中、日、韩三国政治互信，以已有的合作对话机制为沟通平台，鼓励中日、中韩协同创新；设立国内企业与日韩企业的交流共享平台，并成为国际创新资源的集聚地，引导创新要素向企业聚集；为吸引日本、韩国进入中国设立研发机构提供优惠政策，为技术引进提供便利，从而实现产业转型与升级。

2. 积极推进中日韩自贸区建设，促进价值链深度融合与提升

中、日、韩三国应早日建成更高标准的自贸区，实现更高水平的贸易和投资自由化、便利化，相互大幅开放市场，促进双向投资；从而推动价值链深度融合，形成关键核心产业联动发展链条和完整产业链，建立全方位合作共赢的产业价值链区域协同机制，以减少对美国的依赖，实现我国以国内大循环为主体、国内国际双循环相互促进的新发展格局。

3. 加强以区域内外产业园区为中心的价值链合作

除了依托中日、中韩产业园区开展东北亚价值链合作，还可以在"一带一路"沿线国家，如东盟、中亚、非洲等地建立中国经济合作区，通过打造"中日韩＋X"模式，进行跨区域的价值链合作。

4. 优化国内营商环境，增强产业合作基础

建立竞争公平、法制健全、制度完善的营商环境，加快交通、信息等基础设施的建设，为企业创新以及外资的进入提供更强的吸引力，为亚太地区产业

---

① 张鸿韬. 美国贸易保护主义政策对全球价值链的挑战与中国应对［J］. 现代经济探讨，2019（9）：69－74.

合作提供保障。

六、积极与新兴经济体进行产业对接，构建自主型价值链

1. 建立金砖国家长效合作机制

中国若能同周边新兴国家组成区域价值链，将有机会从 GVC 中的技术落后方转换为区域价值链中的相对技术先进方，接触甚至控制价值链的中高端环节，通过主导区域价值链，实现我国经济发展向中高端水平迈进的目标。为此，应建立起以诸如金砖国家首脑峰会等为核心，高级商务代表、部长以及多边机构代表会议作为辅助，智库、金融工商界等密切合作作为支撑的合作框架，形成金砖国家长效合作机制，确保构建自主型价值链具有稳定的经济基础①。

2. 创新并深化与新兴经济体的产业合作领域

以设立项目基地、人文交流以及项目投资为主要合作方式，有效集成中国与其他新兴经济体的科技和产业资源，建立科技创新和新兴产业的资源共享平台，提升我国自主创新能力，培育自主品牌，使企业向全球价值链高端跃迁，使产品由"中国制造"转变为"中国创造"，打造掌控产业链高端的"链主"企业。

3. 联合布局产业价值链体系

发挥我国产业链齐备等比较优势，延伸产业价值链，通过产业园区进行跨境产业合作，利用产业梯度优化中国制造在其他新兴经济体的空间布局，推动我国与其他新兴经济体相关联的产业协同发展，形成多产业联动发展链条和完整产业链，建立全方位合作共赢的产业价值链区域协同机制，加快产业合作升级步伐②。

4. 加大对新兴经济体的投资

一方面，要对这些国家的优势产业同时也是和中国互补性强的"资源能

---

① 汪文亮. 金砖国家区域价值链构建产业基础分析——基于贸易视角［D］. 东北财经大学硕士学位论文，2017.

② 陆佳琦. 金砖国家产业结构优化与升级合作［J］. 东北财经大学学报，2018（5）：35 – 40.

源产业"加大投资；另一方面，应主动通过投资将中国具有竞争优势同时也是与新兴经济体互补性较强的加工制造产业转移到这些国家①，逐步退出低端制造领域。此外，应由初级资源合作向新兴产业和优势产业合作迈进，不断提升合作质量和水平。

5. 构建全球创新链

中国企业可以利用美国四处挑起贸易纠纷并被逐步孤立的特点，进一步拓展与日本、欧盟、东南亚以及南美洲其他国家的贸易关系，加强全球创新链与全球价值链的联系，将全球创新要素与生产要素紧密结合起来，以推动产业升级。

七、提升制造业服务化水平，优化制造业服务化结构

要突破把未来的竞争优势继续建立在初级生产要素上的传统观念，改变加入 GVC 的方式，增加对现有制造业的人力资本投入和生产者服务投入。充分发挥知识密集型服务业在优化人力资本和高新技术溢出方面的积极作用，占据制造业价值链的高端，使其对制造业发展起到牵引和推进作用②。

1. 加强制造业与服务业的融合力度

高度重视生产性服务部门对本国制造业产品国内增加值的贡献，加大知识密集型服务业部门对制造业生产的投入，更加注重研发设计、技术支持、商务服务、市场营销、品牌建设、金融保险等高级生产性服务要素的积累，鼓励制造企业利用新一代信息科学技术，在推进产品定制、零部件定制、柔性制造、个性化制造等发展的同时，不断变革、创新制造方式和服务业态③，为产业向全球价值链中高端跃升培育新的竞争优势。政府应该完善"产学研"政策，鼓励制造企业与高校进行合作，依托企业提供的硬件基础设施，充分利用高校的知识储备资源，让企业自主提供研发和设计等有利于塑造其核心竞争力的服

① 霍建国，庞超然. 金砖国家经贸合作的前景及对策 [J]. 国际贸易，2017 (9)：38 – 43.

② 刘志彪. 全球价值链中我国外向型经济战略的提升——以长三角地区为例 [J]. 中国经济问题，2007 (1)：9 – 17.

③ 刘敏. 制造业服务化视角下的服务业国际竞争力提升研究——基于技术出口复杂度的分析 [J]. 广东行政学院学报，2019 (6)：82 – 90.

务，增强产品中的服务含量。

2. 充分利用国外服务要素

当前世界经济处于全球价值链深度调整期，我国应该更加积极地融入国际分工体系，通过与各国进行合作，提高产品服务部门附加值，提高服务化水平，进一步提升中国在全球价值链的分工地位。为此，要加快生产性服务业的开放进程，推进服务贸易自由化，削减服务贸易壁垒和放松国内管制，适当对金融领域的外资准入条件放宽限制，扩大商业服务领域的开放力度。营造良好的服务业发展和贸易环境，扩大生产性服务中间投入特别是国外高端服务要素的进口。同时，要促进区域内部本土服务业的创新发展，增强行业竞争力，做到进口服务和国内服务并行发展、共同促进制造业升级。

3. 重视传统低技术制造业的服务化转型

在推进知识密集型制造业服务化的同时，应重视传统劳动密集型、资源密集型优势产业服务化转型，以及资本密集型制造业"产品＋服务包"的纵向服务化升级发展，重视对传统低技术制造业在研究开发、营销推广、售后服务等方面的投入。

4. 深度参与全球价值链

首先，鼓励并引导企业将非核心服务业务外包，由相关专业的外包企业提供更为专业的服务，积极发展总承包、总集成，与客户共同合作，提出整体解决方案。将资源有效配置于核心业务，不断提升企业竞争力[①]。其次，鼓励实力较强的大中型企业和"专精特新"科技型优势中小企业向产业链的上游拓展，凭借自身的技术、人才等优势发展研发、设计、科技管理咨询、信息软件、节能环保等服务；鼓励制造企业利用新一代信息科学技术，在推进产品定制、零部件定制、柔性制造、个性化制造等发展的同时，不断变革、创新制造方式和服务业态[②]。最后，重视与金砖国家等新兴经济体的服务合作。虽然日

---

① 耿伟，王亥园. 制造业投入服务化与中国出口企业加成率［J］. 国际贸易问题，2019（4）：92 - 108.

② 刘敏. 制造业服务化视角下的服务业国际竞争力提升研究——基于技术出口复杂度的分析［J］. 广东行政学院学报，2019（6）：82 - 90.

本、韩国和中国台湾等对中国制造业服务化产生较大的影响，但是金砖国家对中国制造业服务化的影响也不容小觑，影响力度在逐渐增强。因此，除了继续加强与发达国家的服务合作，更要重视与金砖国家等新兴经济体的服务合作，提高制造业对国际服务要素的使用，提高制造业服务化水平，进一步提升价值链地位。

参考文献

［1］Aitken, Brian and Harrison, Ann E. Do Domestic Firms Benefit from Foreign Direct Investment? Evidence from Panel Data ［M］. Mimeo, Columbia University, 1997.

［2］Antràs P. , Chor D. Organizing the Global Value Chain ［J］. Econometrica, 2013, 81 (6).

［3］Alessia Amighini. China in the International Fragmentation of Production: Evidence from the ICT Industry ［J］. The European Journal of Comparative Economics, 2005, 2 (2).

［4］Baines T. S. , Lightfoot H. W. , Evans S. , Neely A. , Greenough R. , Peppard J. , Alcock J. R. State – of – the – Art in Product – Service Systems ［J］. Journal of Engineering Manufacture, 2007, 221 (10).

［5］Baines T. S. , Lightfoot H. W. , Benedettini O. , Kay J. M. The Servitization of Manufacturing: A Review of Literature and Reflection on Future Challenges ［J］. Journal of Manufacturing Technology Management, 2009, 20 (5).

［6］Bazan L. , Navas – Aleman L. The Underground Revolution in Sinos Valley: A Comparison of Upgrading in Global and National Value Chains ［M］//H. Schmitz Local Enterprises in the Global Economy: Issues of Governance and Upgrading, Cheltenham: Edward Edgar Publishing Ltd, 2004.

［7］Beck M. , Costa L. , Hardman D. , Jackson B. , Winkles C. , Wiseman J. Getting Past The Hype: Value Chain Re – structuring In the E – Economy ［R］. Booz – Allen and Hamilton, 2001.

［8］Crozet M. , Milet E. The Servitization of French Manufacturing Firms ［R］. CEPII Working Paper, 2014, No. 3577.

［9］Cheung K. Y. , Lin Ping. Spill over Effects of FDI on Innovation in China:

Evidence from the Provincial Data [J] . China Economic Review, 2004, 1 (15) .

[10] C. S. Fan, Y. Hu. Foreign Direct Investment and Indigenous Technological Efforts: Evidence from China [J] . Economics Letters, 2007, 96 (2) .

[11] Dean J. , Lung K. C. , Z. Wang. Measuring the Vertical Specialization in Chinese Trade [R] . L. S. International Trade Commission, Office of Economics Working Paper, 2007.

[12] Daudin G. , Rifflart C. , Schweisguth D. Who Produces for Whom in the World Economy? [J] . Canadian Journal of Economics, 2011, 44 (4) .

[13] Daudin G. , C. Rifflart, D. Schweisguth. Who Produces for Whom in the World Economy? [R] . OFCE Document de Travail, Observatoire Francais des Conjonctures Economiques, 2006, No. 2009 – 18.

[14] Daria Taglioni. Making Global Value Chains Work for Development [J]. Worldbank, Economic premise, 2014 (143) .

[15] Feenstra R. C. New Evidence on the Gains from Trade [J] . Review of World Economics, 2006, 142 (4) .

[16] Fontagn, et al. Specialization across Varieties within Products and North South Competition [R] . CEPII Working Paper, 2007.

[17] Feinberg S. E. , Majumdar S. K. Technology Spillovers from Foreign Direct Investment in the Indian Pharmaceutical Industry [J] . Journal of International Business Studies, 2001, 32 (3) .

[18] Feenstra R. C. , C. Hong, H. Ma, et al. Contractual versus Non Contractual Trade: The Role of Institutions in China [J] . Journal of Economic Behavior & Organization, 2013 (94) .

[19] Gereffi G. The Global Economy: Organization, Governance, and Development [M] //N. Smelser, R. Swedberg. Handbook of Economic Sociology (2nd Ed.) . Princeton, NJ: Princeton University Press, 2005.

[20] Gary Gereffi, Stacey Frederick. The Global Apparel Value Chain, Trade and the Crisis: Challenges and Opportunities for Developing Countrie [J] . The World Bank Development Research Group Trade and Integration Team, Policy Research Working Paper, 2010, No. 5281.

[21] Gary Gereffi. International Trade and Industrial Upgrading in the Apparel Commodity Chain [J] . Journal of International Economics, 1999, 48 (1) .

［22］ Gereffi G. International Trade and Industrial Upgrading in the Apparel Commodity Chains ［J］. Journal of International Economics，1999a（48）.

［23］ Gereffi G. ，HumPhrey J. ，Sturgeon T. The Governance of Global Value Chains ［R］. Duke University Working Paper，2003.

［24］ Gereffi G. Global Production Systems and Third World Development ［M］. Cambridge：Cambridge University Press，2002.

［25］ Grossman G. M. E. Helpman. Technology and Trade ［J］. NBER Working Paper，1994，No. 4926.

［26］ Gunte. The Relevance of Service in European Manufacturing ［J］. Industries Journal of Service Management，2010，21（5）.

［27］ Hanson G. H. ，Robertson R. China and the Recent Evolution of Latin America's Manufacturing Exports ［R］. World Bank Working Papers，2008.

［28］ Hausmann D. ，Hwang J. ，Rodrik D. What You Export Matters ［J］. Journal of Economic Growth，2007（12）.

［29］ Hummels D. ，J. Ishiib，K. Yi. The Nature and Growth of Vertical Specializationin world Trade ［J］. Journal of International Economics，2001（54）.

［30］ Humphrey J. ，Schmitz H. Developing Countries Firms in the World Economy：Governance and Upgrading in Global Value Chains ［R］. Duisburg，University of Duisburg，2002.

［31］ Humphrey J. Upgrading in Global Value Chains ［R］. Geneva：International Labor Organization（ILO）. Working Paper，2004，No. 28.

［32］ Jenkins R. Measuring the Competitive Threat from China for other Southern Exporters ［J］. World Economy，2008，31（10）.

［33］ Javeria Maryam，Ashok Mittal. An Empirical Analysis of India's Trade in Goods with BRICS ［J］. International Review of Economics，2019（5）.

［34］ Johnson R. ，G. Noguera. Accounting for Intermediates：Production Sharing and Trade in Value Added ［J］. Journal of International Economics，2012，86（2）.

［35］ Joonkoo Lee，Gary Gereffi. Global Value Chains，Rising Power Firms and Economic and Social Upgrading ［J］. Critical Perspectives on International Business，2015（7）.

［36］ Koopman R. ，W. Powers，Z. Wang，S. Wei. Give Credit Where Credit is Due：Tracing Value – added in Global Production Chains ［R］. NBER Working Paper, 2010 No. 16426.

［37］Koopman R. How Much of Chinese Exports is Really Made in China? Assessing Domestic Value – added When Processing Trade is Pervasive ［R/OL］. American National Bureau of Economic Research Working Paper, 2008, No. 14109. http：//www. nber. org/papers/w14109.

［38］Mathews J. A. Dragon Multinationals：New Players in 21st Century Globalization ［J］. Asia Pacific Journal of Management, 2006 （23）.

［39］Michaely M. Trade, Income Levels, and Dependence ［J］. Economica, 1986, 53 （211）：410.

［40］Marshall A. Principles of Economics ［M］. London：Macmillan, 2012.

［41］Neely A. Exploring the Financial Consequences of the Servitization of Manufacturing ［J］. Operations Management Research, 2008, 12 （1）.

［42］Naghavi A. , Ottaviano G. Offshoring and Product Innovation ［R］. CEPR Discussion Paper, 2006, 6008.

［43］Nunn N. Relationship Specificity, Incomplete Contracts, and the Pattern of Trade ［J］. Quarterly Journal of Economics, 2007, 122 （2）.

［44］Navas – Aleman L. The Impact of Operating in Multiple Value Chains for Upgrading：The Case of the Brazilian Furniture and Footwear Industries ［J］. World Development, 2011, 39 （8）.

［45］Pol Antràs, Davin Chor, Thibault Fally, Russell Hillberry. Measuring the Upstreamness of Production and Trade Flows ［J］. American Economic Review, 2012, 2 （3）.

［46］Poon. The Technological Structure and Performance of Developing Country Manufacturing, 1985 – 1998 ［J］. Development Studies, 2000 （28）.

［47］R. Kaplinsky, J. Humphrey. Hands across Asia. Can Just – in – time Production Give India's Industries Japan's Competitive Edge? ［R］. Id21 Development Research Reporting Service, 2002.

［48］Robinson T. , Clarke – Hill C. M. , Clarkson R. Differentiation through Service：A Perspective from the Commodity Chemical Sector ［J］. The Service Industries Journal, 2002, 22 （3）.

［49］ Robert E. Lipsey. Home and Host Country Effects of FDI ［R/OL］. NBER Working Paper, 2002, No. 9293, http：//www. nber. org/papers/w9293.

［50］ Salvador Barrios, Holger Gorg & Eric Strob. Foreign Direct Investment Competition and Industrial Development in the Host Country ［J］. European Economic Review, 2005（49）.

［51］ Saara. Factors Influencing the Choice of Solution – Specific Business Models ［J］ International Journal of Project Management, 2011（29）.

［52］ Szalave A. Tertiarization of Manufactming Industry in the New Economy ［R］. IWE, 2003.

［53］ Schmitz H. K. Global Commodity Chain Analysis and the File Approach： Comparison and Critique ［J］. Economy and Society, 2000, 29（3）.

［54］ Tebaldi E. , B. Elmslie. Does Institutional Quality Impact Innovation? Evidence from Cross Country Patent Grant Data ［J］. Applied Economics, 2013, 45（7）.

［55］ Teece D. J. Profiting from Technological Innovation： Implications for International Collaboration Licensing and Public Policy ［J］. Research Policy, 1986, 15（6）.

［56］ Trevor A. Reeve. Factor Endowments and lndustrial structure ［J］. Review of International Economies, 2006, 14（1）.

［57］ Timmer M. P. , Los B. , Stehrer R. Fragmentation, Incomes and Jobs. An Analysis of European Competitiveness ［J］. General Information, 2013, 28（76）.

［58］ UNCTAD. FDI from Developing and Transition Economies： Implications for Development ［R/OL］. World Investment Report, 2006. www. unctad. org.

［59］ Vandermerwe S. , Rada J. Servitization of Business： Adding Value by Adding Services ［J］. European Management Journal, 1988, 6（4）.

［60］ Yohanes Kadarusman, Khalid Nadvi. Competitiveness and Technological Upgrading in Global Value Chains： Evidence from the Indonesian Electronics and Garment Sectors ［J］. European Planning Studies, 2013, 21（7）.

［61］ Wang Zhi and Wei Shang – Jin. What Accounts for the Rising Sophistication of China's Exports ［R］. NBER Working Paper, 2008, No. 13771.

［62］ Wenjing Yin. Agricultural Trading among BRICS Countries ［J］. Fudan

Journal of the Humanities and Social Sciences, 2014（9）.

［63］WTO & IDE – JETRO. Trade Patterns and Global Value Chains in East Asia：From Trade in Goods to Trade in Tasks［R］. 2011.

［64］Xu Bin. Measuring China's Export Sophistication［R］. China Europe International Business School Working Paper, 2007.

［65］Ye M. , VOIGT S. The Global Value Chains in BRIGS Countries［J］. Fudan Journal of the Humanities & Social Sciences, 2014, 7（3）.

［66］Yeats J. Just, How Big is Global Production Sharing［R］. The World Bank, 1998.

［67］白清. 生产性服务业促进制造业升级的机制分析——基于全球价值链视角［J］. 财经问题研究, 2015（4）.

［68］柴斌锋, 杨高举. 高技术产业全球价值链与国内价值链的互动——基于非竞争型投入占用产出模型的分析［J］. 科学学研究, 2011（4）.

［69］岑丽君. 中国在全球生产网络中的分工与贸易地位——基于 TiVA 数据与 GVC 指数的研究［J］. 国际贸易问题, 2015（1）.

［70］曹张龙. 黑龙江省与俄罗斯产业互补性分析［J］. 商业经济, 2011（8）.

［71］陈莎莉, 张纯. 全球价值链、两难困境与低成本集群发展路径转换研究［J］. 科技管理研究, 2013（2）.

［72］陈仲常, 马红旗, 绍玲. 影响中国高技术产业全球价值链升级的因素［J］. 上海财经大学学报, 2012（1）.

［73］陈丽娴, 沈鸿. 制造业服务化如何影响企业绩效和要素结构——基于上市公司数据的 PSM – DID 实证分析［J］. 经济学动态, 2017（5）.

［74］刁莉, 朱琦. 生产性服务进口贸易对中国制造业服务化的影响［J］. 中国软科学, 2018（8）.

［75］邓丽姝. 服务经济条件下生产性服务业主导产业升级研究［J］. 北京工商大学学报（社会科学版）, 2015（7）.

［76］董虹蔚, 孔庆峰. 区域价值链视角下的金砖国家合作机制研究［J］. 国际经贸探索, 2018（10）.

［77］戴翔, 李洲, 张雨. 服务投入来源差异、制造业服务化与价值链攀升［J］. 财经研究, 2019（5）.

［78］戴翔. 中国制造业出口内涵服务价值演进及因素决定［J］. 经济研

究，2016（9）.

［79］范爱军，常丽丽．中国在东亚生产网络中的分工地位检验——基于贸易增长途径的视角［J］．财贸研究，2012（2）.

［80］郭晶，赵越．高技术产业国际分工地位的影响因素——基于完全国内增加值率视角的跨国实证［J］．国际商务（对外经济贸易大学学报），2012（2）.

［81］谷方杰．"新兴11国"产业互补性与竞争性分析［J］，东北财经大学学报，2016（6）.

［82］耿伟，王亥园．制造业投入服务化与中国出口企业加成率［J］．国际贸易问题，2019（4）.

［83］黄先海，韦畅．中国制造业出口垂直专业化程度的测度与分析［J］．管理世界，2007（4）.

［84］黄先海，杨高举．中国高技术产业的国际分工地位研究——基于非竞争型投入占用产出模型的跨国分析［J］．世界经济，2010（5）.

［85］黄群慧，霍景东．全球制造业服务化水平及其影响因素——基于国际投入产出数据的实证分析［J］．经济管理，2014，36（1）.

［86］霍建国，庞超然．金砖国家经贸合作的前景及对策［J］．国际贸易，2017（9）.

［87］胡昭玲，宋佳．基于出口价格的中国国际分工地位研究［J］．国际贸易问题，2013（3）.

［88］黄永明，何伟，聂鸣．全球价值链视角下中国纺织服装企业的升级路径选择［J］．中国工业经济，2006（5）.

［89］华晓红，宫毓雯．中国制造业在亚太生产网络中的地位——基于增值贸易数据测度［J］．国际经贸探索，2015（12）.

［90］胡昭玲，宋佳．基于出口价格的中国国际分工地位研究［J］．国际贸易问题，2013（3）.

［91］胡昭玲，张玉．制度质量改进能否提升价值链分工地位［J］．世界经济研究，2015（8）.

［92］江小涓，杜玲．对外投资理论及其对中国的借鉴意义［J］．经济研究参考，2002（73）.

［93］蒋昭乙．金砖国家在全球价值链分工体系中的依赖关系——基于Ti-VA数据的实证分析［J］．现代经济探讨，2018（1）.

［94］鞠宗正，周升起. 金砖国家在全球价值链中国际分工地位比较研究［J］. 江苏商论，2018（5）.

［95］罗长远，张军. 附加值贸易：基于中国的实证分析［J］. 经济研究，2014（6）.

［96］刘力，杨萌. 中国高技术产业国际分工地位演变——基于完全比较劳动生产率的研判［J］. 国际贸易问题，2015（4）.

［97］刘琳. 中国参与全球价值链的测度与分析——基于附加值贸易的考察［J］. 世界经济研究，2015（6）.

［98］刘祥和，曹瑜强. 金砖四国分工地位的测度研究——基于行业上游度的视角［J］. 国际经贸探索，2014（6）.

［99］刘城. 基于全球价值链视角的本土跨国公司培育路径探析［J］. 广东社会科学，2013（3）.

［100］刘玉荣，刘芳. 制造业服务化与全球价值链提升的交互效应——基于中国制造业面板联立方程模型的实证研究［J］. 现代经济探讨，2018（9）.

［101］刘斌，王乃嘉. 制造业投入服务化与企业出口的二元边际——基于中国微观企业数据的经验研究［J］. 中国工业经济，2016（9）.

［102］刘志彪. 从全球价值链转向全球创新链：新常态下中国产业发展新动力［J］. 学术月刊，2015（2）.

［103］刘志彪. 全球价值链中中国外向型经济战略的提升——以长三角地区为例［J］. 中国经济问题，2007（1）.

［104］刘志彪. 生产者服务业及其集聚：攀升全球价值链的关键要素与实现机制［J］. 中国经济问题，2008（1）.

［105］刘敏. 制造业服务化视角下的服务业国际竞争力提升研究——基于技术出口复杂度的分析［J］. 广东行政学院学报，2019（6）.

［106］黎峰. 全球价值链下的国际分工地位——内涵及影响因素［J］. 国际经贸探索，2015（9）.

［107］林桂军，何武. 中国装备制造业在全球价值链的地位及升级趋势［J］. 国际贸易问题，2015（4）.

［108］Lau，L. J.，L. K. Cheng，K. C. Fung，Yun - Wing Sung. 非竞争型投入占用产出模型及其应用——中美贸易顺差透视［J］. 中国社会科学，2007（5）.

［109］陆佳琦．金砖国家产业结构优化与升级合作［J］．东北财经大学学报，2018（5）．

［110］刘绮霞，肖珣．美国亚太战略调整下美日关系走势探析［J］．经济研究参考，2014（67）．

［111］刘玉荣，刘芳．制造业服务化与全球价值链提升的交互效应——基于中国制造业面板联立方程模型的实证研究［J］．现代经济探讨，2018（9）．

［112］刘斌，王乃嘉．制造业投入服务化与企业出口的二元边际——基于中国微观企业数据的经验研究［J］．中国工业经济，2016（9）．

［113］李琳，刘凯．区域异质性视角下制造业服务化与制造业全要素生产率研究［J］．科技进步与对策，2018，35（23）．

［114］毛蕴诗，王婕，郑奇志．重构全球价值链：中国管理研究的前沿领域——基于 SSC 和 CSSCI（2002—2015 年）的文献研究［J］．学术研究，2015（11）．

［115］马风涛，李俊．中国制造业产品全球价值链的解构分析——基于世界投入产出表的方法［J］．国际商务（对外经济贸易大学学报），2014（2）．

［116］马风涛．中国制造业全球价值链长度和上游度的测算及其影响因素分析——基于世界投入产出表的研究［J］．世界经济研究，2015（8）．

［117］孟祺．中国国际分工地位的演变——基于贸易附加值的视角［J］．云南财经大学学报，2014（6）．

［118］聂聆，陈诗雯．中美日在亚太价值链中的地位变迁［J］．东北亚研究，2019（2）．

［119］聂聆，李三妹．我国在制造业产品全球价值链中的分工地位研究——基于价值链高度指数的分析［J］．现代财经（天津财经大学学报），2016（6）．

［120］彭水军，袁凯华，韦韬．贸易增加值视角下中国制造业服务化转型的事实与解释［J］．数量经济技术经济研究，2017，34（9）．

［121］平新乔．市场换来了技术吗？［J］．国际经济评论，2007（5）．

［122］任丽娜，熊丹．中国与金砖国家的价值链合作模式演进［J］．沈阳师范大学学报（自然科学版），2018（6）．

［123］苏灿，任建兰．中国制造业在亚太地区的分工与合作研究综述

[J]．世界地理研究，2016（1）．

[124] 施炳展．中国出口产品的国际分工地位研究——基于产品内分工的视角 [J]．世界经济研究，2010（1）．

[125] 盛斌，马涛．中国工业部门垂直专业化与国内技术含量的关系研究 [J]．世界经济研究，2008（8）．

[126] 宋玉华，张海燕．亚太价值链解构与中国的利得——基于 APEC 主要国家的投入产出分析 [J]．亚太经济，2014（2）．

[127] 邵青．中国制造业价值链增值影响因素实证分析 [J]．商业经济研究，2015（26）．

[128] 田文，张亚青，佘珉．全球价值链重构与中国出口贸易的结构调整 [J]．国际贸易问题，2015（3）．

[129] 唐宜红，俞峰．中国与其他金砖国家贸易竞合关系研究 [J]．亚太经济，2017（3）．

[130] 唐海燕，张会清．产品内国际分工与发展中国家的价值链提升 [J]．经济研究，2009（9）．

[131] 邱斌，叶龙凤，孙少勤．参与全球生产网络对中国制造业价值链提升影响的实证研究——基于出口复杂度的分析 [J]．中国工业经济，2012（1）．

[132] 阙登峰，肖汉雄，卓丽洪，等．TPP、亚太区域价值链重构及对中国的影响 [J]．经济与管理研究，2017（1）．

[133] 文东伟，冼国明．中国制造业的垂直专业化与出口增长 [J]．经济学（季刊），2010（9）．

[134] 王昆．垂直专业化、价值增值与产业竞争力 [J]．上海经济研究，2010（4）．

[135] 王岚．融入全球价值链对中国制造业国际分工地位的影响 [J]．统计研究，2014（5）．

[136] 王厚双，李艳秀，朱奕绮．中国服务业在全球价值链分工中的地位研究 [J]．世界经济研究，2015（8）．

[137] 王金亮．基于上游度测算的中国产业全球地位分析 [J]．国际贸易问题，2014（3）．

[138] 王菁，齐俊妍．生产者服务贸易与制造业价值链提升——一个理论模型 [J]．经济问题探索，2015（4）．

［139］王益民．全球生产网络效应、集群封闭性及其"升级悖论"［J］．中国工业经济，2007（4）．

［140］王金强．TPP 背景下国际经贸规则的变革与亚太价值链的构建［J］．东北亚论坛，2016（3）．

［141］王玉燕，林汉川．全球价值链嵌入能提升工业转型升级效果吗——基于中国工业面板数据的实证检验［J］．国际贸易问题，2015（11）．

［142］王星宇．金砖国家经贸合作与全球价值链重构［J］．经济问题，2019（1）．

［143］汪文亮．金砖国家区域价值链构建产业基础分析——基于贸易视角［D］．东北财经大学硕士学位论文，2017．

［144］文嫮，曾刚．价值链空间形态演变下的治理结构研究——以集成电路产业为例［J］．中国工业经济，2006（2）．

［145］文东伟，冼国明．中国制造业的垂直专业化与出口增长［J］．经济学（季刊），2010（9）．

［146］吴永亮，王恕立．增加值视角下的中国制造业服务化再测算：兼论参与 GVC 的影响［J］．世界经济研究，2018（11）．

［147］余姗，樊秀峰．环境规制与价值链升级——基于产品内分工视角［J］．经济问题探索，2015（10）．

［148］张定胜，刘洪愧，杨志远．中国出口在全球价值链中的位置演变［J］．财贸经济，2015（11）．

［149］杨建清．中国对外直接投资产业升级效应的区域比较研究［J］．云南财经大学学报，2015（2）．

［150］姚博，魏玮．生产国际分割及其对价值链地位的提升效应［J］．山西财经大学学报，2012（10）．

［151］杨杰．中国与其他金砖国家 GVC 分工特征及贸易互补性研究［J］．当代经济管理，2019（3）．

［152］杨玲．长江经济带制造业服务化水平测度及其特征研究［J］．当代财经，2019（6）．

［153］周升起，兰珍先，付华．中国制造业在全球价值链国际分工地位再考察——基于 Koopman 等的"GVC 地位指数"［J］．国际贸易问题，2014（2）．

［154］赵增耀，沈能．垂直专业化分工对中国企业价值链影响的非线性

效应 [J]. 国际贸易问题，2014（5）.

[155] 赵伟，江东. OFDI 与母国产业升级：先行大国的经历及其启示——多视野的考察与分析 [J]. 浙江社会科学，2010（6）.

[156] 张磊，徐琳. 全球价值链分工下国际贸易统计研究 [J]. 世界经济研究，2013（2）.